Franziska Knopf

Die Ehepolitik des Augustus (Octavian)

Franziska Knopf

Die Ehepolitik des Augustus (Octavian)

Eine Untersuchung zu den Eheschließungen innerhalb der "domus Augusta"

Tectum Verlag

Franziska Knopf

Die Ehepolitik des Augustus (Octavian)
Eine Untersuchung zu den Eheschließungen
innerhalb der "domus Augusta"

ISBN: 978-3-8288-2890-2

Umschlagabbildung: Mitglieder der kaiserlichen Familie, Relief an der Südwand der Ara Pacis, Rom

Printed in Germany

Besuchen Sie uns im Internet
www.tectum-verlag.de

Bibliografische Informationen der Deutschen Nationalbibliothek
Die Deutsche Nationalbibliothek verzeichnet diese Publikation in der Deutschen Nationalbibliografie; detaillierte bibliografische Angaben sind im Internet über http://dnb.ddb.de abrufbar.

Inhaltsverzeichnis

I Einleitung

1 Thema und Methode

Am 13. Januar des Jahres 27 v. Chr. wurde in Rom der Bürgerkrieg offiziell für beendet erklärt und formal die alte Ordnung der Republik wiederhergestellt (*res publica restituta*). Octavian, der in der Schlacht von Actium und mit der Einnahme Alexandrias seine letzten Gegner Antonius und Kleopatra besiegt hatte, ließ sich von den republikanischen Ämtern und Gewalten jene übertragen, die ihm zu einer außerordentlichen Stellung verhalfen und nannte sich fortan Princeps - „Erster Mann im Staat". Auf Vorschlag des Lucius Munatius Plancus verlieh der Senat Octavian am 16. Januar 27 v. Chr. den Ehrennamen „Augustus" („Erhabener"). Mit diesem Staatsakt begann seine fast 40-jährige Regierungszeit als Princeps und zugleich wurde eine neue Epoche der römischen Geschichte eröffnet: das Kaisertum. In seinem Tatenbericht (*Res gestae Divi Augusti*) beschrieb Augustus seine neu erworbene Stellung folgendermaßen:

> „In meinem sechsten und siebten Konsulat habe ich [...] das Gemeinwesen aus meiner Machtbefugnis wieder der Ermessensfreiheit des Senats und des römischen Volkes überantwortet. Für dieses mein Verdienst wurde mir auf Beschluß des Senats der Name Augustus gegeben. Die Türpfosten meines Hauses wurden auf staatlichen Beschluß mit Lorbeer geschmückt, und ein Bürgerkranz wurde über meinem Tor angebracht. [...] Seit dieser Zeit überragte ich alle übrigen an Autorität, an Amtsgewalt aber besaß ich nicht mehr als die anderen, die auch ich im Amt zu Kollegen hatte."[1]

Augustus übernahm die Befehlsgewalt über die Hälfte der Provinzen und bekleidete bis einschließlich 23 v. Chr. regelmäßig das Amt des Konsuls. Im Anschluss übertrug ihm der Senat eine übergeordnete prokonsularische Gewalt *(imperium proconsulare maius)* sowie die Amtsbefugnisse eines Volkstribuns *(tribunicia potestas)* und im Jahr 19 v. Chr. zusätzlich die konsularischen Ehrenrechte auf Lebenszeit. 12 v. Chr. übernahm er das Amt des *pontifex maximus*, der achte Monat wurde in „Augustus" umbenannt und im Jahr 2 v. Chr.

1 RG (=*Res Gestae*), 34.

verlieh ihm der Senat schließlich den Ehrentitel *pater patriae* („Vater des Vaterlandes").

Die herausgehobene Machtstellung des Augustus innerhalb des Römischen Reiches beruhte auf der Vergabe einzelner Ämter und Befugnisse, Ehrungen und Sonderrechte. Der Ausgangspunkt seiner Herrschaft war die testamentarische Adoption durch seinen Großonkel Gaius Iulius Caesar. Caesar, der selbst keine Kinder hatte, wollte seine erreichte Stellung und sein Erbe, sowohl das Vermögen als auch die Klientel, innerhalb der eigenen Familie weitergeben. Dieses Vorgehen strebte Augustus gleichermaßen an. Während er Klientel und Vermögen auf die nächste Generation vererben konnte, waren die politischen Verdienste, seine persönliche Leistung und seine Stellung innerhalb der *res publica* rechtlich nicht vererbbar, denn sie waren personengebunden und endeten folglich mit seinem Tod.[2] Da Augustus keinen Sohn hatte, versuchte er erstens mit Hilfe von Adoptionen einen Nachfolger zu bestimmen und zweitens bemühte er sich, durch geschickte Verheiratung seiner Familienmitglieder seine Macht und herausragende Position als Princeps zu festigen und für seinen potentiellen Erben zu sichern.

Diese strategischen Eheschließungen der Mitglieder seiner *familia* beziehungsweise *domus*[3] sind Untersuchungsgegenstand der vorliegenden Arbeit. In einer knappen Einführung zum Thema „Die Ehe im antiken Rom" werden Bedingungen, Grundlagen und rechtlicher Charakter der Ehe kurz erläutert sowie die Ehepolitik in der Römischen Republik skizziert, um einen ersten Einblick in das zu behandelnde Thema zu gewähren und anschließend einen Vergleich zur Ehepolitik des Augustus ziehen zu können. Sodann erfolgt eine Darlegung der Ehegesetze des Augustus, der *lex Iulia de adulteriis coercendis,* der *lex Iulia de maritandis ordinibus* und der *lex Papia Poppaea.* Die Ehepolitik des Augustus erstreckte sich nämlich auf zwei Bereiche: erstens den privaten, auf seine Familie ausgerichteten und

---

2 Vgl. Heuß, Alfred: Römische Geschichte, 6. Aufl., hrsg., eingel. und mit einem neuen Forschungsteil vers. von Jochen Bleicken u.a., Paderborn u.a. 1998, S. 312.

3 Zum Unterschied von *familia* und *domus* siehe Dettenhofer, Maria: Herrschaft und Widerstand im augusteischen Principat. Die Konkurrenz zwischen *res publica* und *domus Augusta* (=Historia-Einzelschriften 140), Stuttgart 2000, S. 146: *Domus* meint alle Arten von Verwandtschaft (einschließlich des gesamten Haushaltes), *familia* meint „die von den Agnaten [Blutsverwandte der männlichen Linie, Anm. d. Verf.] gebildete Gemeinschaft der Mitglieder einer *gens.*" Im Folgenden wird der Begriff *domus Augusta* im weitesten Sinn als Synonym zu „Kaiserhaus" verwendet. Zum Begriff *domus Augusta* siehe Severy, Beth: Augustus and the family at the birth of the Roman Empire, New York u.a. 2003, S. 213ff.

zweitens den öffentlichen, auf die römische Gesellschaft bezogenen Bereich. Die genannten drei Ehegesetze waren Teil der gesellschaftlichen Reformen und damit der Etablierung des Princeps, da sie für alle römischen Bürger verpflichtend waren. Es wird zu prüfen sein, inwieweit der Princeps diese Gesetze im Zuge seiner familiären Ehepolitik auf sich und seine Familie angewandt oder im Gegensatz dazu ignoriert hat.

Im Hauptteil werden die von Augustus arrangierten Eheschließungen der Mitglieder seiner *domus* anhand einer Auswertung der Primärquellen und der Sekundärliteratur herausgearbeitet werden. Nach der Betrachtung seiner eigenen Ehen werden die Vermählungen seiner Familienmitglieder, geordnet nach der jeweiligen Generation, untersucht werden: den Anfang bilden Augustus' Schwester Octavia[4] sowie seine einzige Tochter Iulia, gefolgt von seinen beiden Stiefsöhnen Tiberius und Drusus. Anschließend folgt eine Untersuchung der Verheiratungen seines Neffen Marcellus und seiner Nichten Marcella maior, Marcella minor, Antonia maior und Antonia minor. Hiernach werden die Vermählungen der zweiten Generation, also der Enkel und -innen sowie Großneffen und -nichten des Augustus betrachtet werden: Gaius und Lucius Caesar, Agrippa Postumus, Iulia minor, Vipsania Agrippina, Germanicus, Claudius, Drusus minor, Livia Iulia und Claudia Pulchra.[5] In einer Schlussbetrachtung sollen die gewonnenen Informationen und Erkenntnisse zur Ehepolitik des Augustus zusammenfassend interpretiert werden, wobei die Annahme von einer zweckmäßigen Verheiratung seiner Familienmitglieder die Grundlage hierfür bildet. Folgende Fragestellungen stehen im Mittelpunkt der Untersuchung: Nach welchem Prinzip beziehungsweise mit welchem Ziel hat Augustus die Familienmitglieder seiner *domus* verheiratet? Nach welchen

---

4 Octavian hatte noch eine ältere Halbschwester, Octavia (maior), aus der ersten Ehe seines Vaters mit Ancharia (vgl. Suet. Aug. 4,1) und einen Halbbruder aus der Ehe seiner Mutter Attia mit L. Marcius Philippus (vgl. Abb. II, S. 106). Fantham behauptet, dass die Verbindung zwischen den Geschwistern nicht sehr eng war, vgl. Fantham, Julia Augusti, S. 27 und S. 147 (Anm. 2). Syme hingegen ist der Ansicht, dass Augustus auch auf diesen Teil seiner Verwandtschaft Einfluss ausübte und Eheschließungen nach seinem Ermessen veranlasste, vgl. Syme, Ronald: Die Römische Revolution. Machtkämpfe im antiken Rom, hrsg. v. Christoph Selzer und Uwe Walter, aus d. Engl. übers. v. Friedrich Wilhelm Eschweiler u. Hans Georg Degen, (engl. 1939), grundlegend rev. und erstmals vollst. Neuausg., 2. Aufl., Stuttgart 2003, S. 393 und S. 435f. Aufgrund des begrenzten Umfanges dieser Arbeit möchte ich mich auf den näheren Teil der Verwandtschaft des Augustus konzentrieren.

5 Augustus hatte weitere Großnichten und -neffen, die jedoch nicht während seiner Regierung vermählt wurden (vgl. Anm. 383).

Kriterien erfolgte die Wahl der Ehepartner? Kann man eine Methodik erkennen und lassen sich verschiedene Phasen seiner Ehepolitik feststellen?

Die beigefügte Namenstabelle (vgl. S. 103f.) und die Stammbäume (vgl. S. 105f.) dienen der Übersichtlichkeit der Ehekonstellationen innerhalb der *domus Augusta.*

2 Quellenlage[6] und Forschungsstand

Zum Leben und Wirken des Augustus ist die Quellenlage verhältnismäßig gut. Neben den Fragmenten seiner Briefe, Edikte und Dekrete, die 2008 in der Reihe „Texte zur Forschung" von Klaus Bringmann und Dirk Wiegandt unter dem Titel: *Augustus. Schriften, Reden und Aussprüche* neu bearbeitet und herausgegeben wurden, ist der Tatenbericht des Augustus (*Res gestae Divi Augusti*) zu nennen, welcher auf Bronzetafeln am Eingang seines Mausoleums in Rom angebracht war und dank zahlreicher Abschriften gut erhalten ist.[7]

Des Weiteren hat der griechische Historiker und Philosoph Nikolaos von Damaskus (64 - 4 v. Chr.) eine Biografie zum „Leben des Kaisers Augustus" verfasst. Nikolaos war Ratgeber und Hofgeschichtsschreiber des Königs Herodes von Judäa und vermittelte wiederholt zwischen ihm und Augustus. Die erhaltenen Teile seiner Biografie befassen sich mit der Jugend und dem Aufstieg Octavians bis zum Jahr 44 v. Chr. Für dieses Werk hatte Nikolaos neben zahlreichen Quellen vermutlich Zugriff auf die Autobiographie des Augustus, *De vita sua,* die heute verloren ist. Das Augustusbild des Nikolaos ist äußerst positiv und trotz verherrlichender Tendenz eine durchaus historisch wertvolle Quelle vor allem für die Jugendjahre des Octavian.

Eine weitere zeitgenössische Quelle ist der in zwei Bücher unterteilte Abriss der Römischen Geschichte (*Historia Romana*) des Historikers Gaius Velleius Paterculus (um 20 v. Chr. - 30 n. Chr.). Jener war Militärtribun unter Marcus Vincinus und Reiterpräfekt und Legat unter Tiberius. Velleius ist neben Nikolaos von Damaskus der einzige uns noch erhaltene zeitgenössische Geschichts-

6 Vgl. Bringmann, Augustus, S. 282ff.

7 Zahlreiche Abschriften des Textes wurden im ganzen Römischen Reich verteilt. Die am besten erhaltene Version stammt aus Ankyra, dem heutigen Ankara, weshalb häufig die Bezeichnung *Monumentum Ancyranum* verwendet wird.

schreiber der frühen römischen Kaiserzeit, weshalb seine Darstellung eine relativ glaubwürdige und verlässliche Quelle darstellt, auch wenn sein Werk seine Bewunderung für Augustus und das kaiserliche Haus deutlich erkennen lässt.

Als weitere Quelle für die Anfangsjahre des Octavian dient die Antonius-Biografie des Plutarch (circa 46 - 120 n. Chr.). Der griechische Schriftsteller verbrachte die meiste Zeit seines Lebens in seiner Heimatstadt Chaironeia, wo er neben politischen Ämtern auch eine private Akademie leitete. Das bekannteste Werk des Plutarch sind seine Parallelbiographien (*οἱ βίοι παράλληλοί*), in denen er die Lebensbeschreibungen wichtiger Staatsmänner, jeweils eines Griechen und eines Römers, einander vergleichend gegenüberstellt. Der Autor legte seinen Schwerpunkt auf das Privatleben, auf die Tugenden und Laster, weshalb der politische Aspekt oft in den Hintergrund tritt. Da Plutarch aus umfangreichem Quellenmaterial schöpfte, sind seine Parallelbiografien - trotz Abstriche in Bezug auf die chronologische Richtigkeit und das Auslassen von historischen Fakten - eine nützliche Quelle.

Für die ersten Jahre des Octavian dienen uns zudem „Die Bürgerkriege“ (*bella civilia*) des griechischen Geschichtsschreibers Appian von Alexandria als Quelle. Appian (circa 95 - 165 n. Chr.) war im Dienst der kaiserlichen Verwaltung in Ägypten tätig und verfasste seit der Mitte des 2. Jahrhunderts n. Chr. seine „Römische Geschichte“ *(Ρωμαικά)* in 24 Bänden auf Grundlage vorhandener Quellen. Diese Abhandlung von den Anfängen Roms bis zur Zeit Kaiser Trajans ist nur noch in Teilen vorhanden, wobei die Abschnitte über die Bürgerkriege vollständig erhalten sind. Daher sind die „Bürgerkriege“ eine wichtige Quelle, auch wenn Appian teilweise sehr prosaisch und nicht immer chronologisch geschrieben hat.

Vollständig erhalten ist die umfangreiche Augustus-Biografie des römischen Schriftstellers und Verwaltungsbeamten Sueton (70 - 130/140 n. Chr.). Jener war am Hof des Kaisers Trajan und Hadrian tätig und konnte möglicherweise für seine zwölf Kaiserbiografien von Caesar bis Domitian (*De vita Caesarum*) die kaiserliche Quellensammlung nutzen. Die Biografie des Sueton gibt uns umfangreiche Informationen zum Leben des Augustus einschließlich zahlreicher Zitate aus verlorenen Quellen. Anekdoten, Klatsch und detaillierte Beschreibungen von Belanglosigkeiten sind fester Bestandteil seiner Schriften, weshalb die moderne Geschichtsschreibung Sueton neben der literarischen Qualität vor allem für seinen Inhalt kritisiert, da er die Behauptungen seiner Quellen oftmals kritiklos übernahm.

Eine umfassende historische Darstellung der Zeit des Octavian/Augustus ist im Geschichtswerk des Senators, Konsuls und

Schriftstellers Cassius Dio (155 - nach 235 n. Chr.) enthalten. In 84 teils verloren gegangenen Büchern verfasste er eine „Römische Geschichte" von den Anfängen bis zum Jahre 211 n. Chr. Auch wenn er erst 200 Jahre nach dem Leben des Augustus seine Historiografie schrieb, ist die Darstellung des Cassius Dio eine unerlässliche Quelle für die Kaiserzeit und bietet uns vor allem zahlreiche Informationen, die sonst nirgendwo verzeichnet sind.

Als letzte Quelle sind die Annalen des Geschichtsschreibers Publius Cornelius Tacitus (55 - 116 n. Chr.) zu nennen, der in seinem Werk die Geschichte des römischen Reiches vom Tod des Augustus bis zur Regentschaft des Kaisers Nero darstellte. Als Angehöriger des Ritterstandes durchlief Tacitus den *cursus honorum* und wurde 97 n. Chr. Suffektkonsul. Er war ein bedeutender Redner und verfasste mehrere Schriften, darunter die Annalen (*Annales*) und die Historien (*Historiae*), eine Geschichte des römischen Reiches von Galba bis Domitian. Tacitus war als Anhänger der alten Republik ein scharfer Kritiker des von Augustus begründeten Principats. Auch wenn die Darstellungen kritisch zu bewerten sind - so nutzt Tacitus zum Beispiel Hofklatsch zur Bestätigung seiner Thesen -, ist er zweifellos ein bedeutender römischer Historiker und eine wertvolle Quelle für die römische Kaiserzeit.

Neben diesen literarischen Quellen gibt es weitere historische Zeugnisse für die Zeit des Augustus: Dokumente, Inschriften, Münzen, Architektur und Bildkunst. Für diese Arbeit dienlich ist der Münzkatalog von Harold Mattingly und Edward Sydenham: *The Roman Imperial Coinage, Vol. 1: from 31 BC-69 AD* (1984), nach wie vor das ausführlichste Werk über die Reichsmünzen der römischen Kaiserzeit, analog dazu für die Provinzialmünzen der Katalog von Andrew Burnett u.a.: *Roman Provincial Coinage, Vol. 1: From the death of Caesar to the death of Vitellius: 44 BC-AD 69* (1992/2006), und schließlich der mit umfangreichem Bildmaterial ausgestattete Band von Paul Zanker: *Augustus und die Macht der Bilder* aus dem Jahr 1990.[8]

---

8 Weitere Quellen für die Anfangsjahre des Principats, die allerdings nicht für diese Arbeit herangezogen werden, sind die Werke der augusteischen Dichter, insbesondere von Vergil (70 - 19 v. Chr.), Horaz (65 - 8 v. Chr.), Properz (circa 50 –15 v. Chr.) und Ovid (43 v. Chr. - 17 n. Chr.). Eine umfangreiche Quellensammlung ist von Klaus Bringmann und Thomas Schäfer im Jahr 2002 unter dem Titel: *Augustus und die Begründung des römischen Kaisertums* veröffentlicht worden. Diese Sammlung besteht aus einem Darstellungs- und Quellenteil und beleuchtet vor allem die Programmatik der Bauwerke und Bilder.

Für die Zeit des Übergangs von der Republik zum Principat ist ein breites Spektrum an wissenschaftlicher Literatur vorhanden. Gesamtwerke zur Geschichte der Kaiserzeit sind beispielhaft Karl Christ: *Geschichte der römischen Kaiserzeit. Von Augustus bis zu Konstantin* (2005), ferner Werner Dahlheim: *Geschichte der römischen Kaiserzeit* (2003) und Alfred Heuss: *Römische Geschichte* (1960/1998) – letzteres wird für diese Arbeit als Überblickswerk genutzt. Daneben gibt es zahlreiche Abhandlungen zur Person des Augustus. Für diese Arbeit dienen die Biografien von Klaus Bringmann: *Augustus* (2007) sowie Dietmar Kienast: *Augustus. Prinzeps und Monarch* (1999) als auch die knappe Monografie von Werner Eck: *Augustus und seine Zeit* (1998) als Grundlage.

Die angegebenen Quellen und Überblickswerke gewähren einen ersten Einblick in das Leben des Augustus, seine politischen Handlungen, seine Familien-, Ehe- und Nachfolgepolitik. Das zentrale Thema dieser Untersuchung – die *domus Augusta* – wird in der Abhandlung von Beth Severy: *Augustus and the Family at the Birth of Roman Empire* (2003), als auch in ihrem Aufsatz *La Maison de Césars* (1994) eingehend erörtert und bietet einen Überblick über die Eheschließungen zur Zeit des Augustus.

Das von Augustus verfolgte Ziel der Erhöhung und Verehrung der *domus Augusta* löste in bestimmten, aristokratischen Teilen der Bevölkerung Widerstand aus, was die von Maria Dettenhofer vorgelegte Studie: *Herrschaft und Widerstand im augusteischen Principat. Die Konkurrenz zwischen res publica und domus Augusta* (2000) behandelt. Die aristokratischen Familien und ihre Verbindungen zur *domus Augusta* werden in der aus Einzelbeiträgen bestehenden Sammlung von Ronald Syme: *Augustan Aristocracy* (1989) und in seiner Monografie *The Roman Revolution* (1939) (mit mehreren Nachdrucken, jüngst in deutscher Übersetzung *Die Römische Revolution. Machtkämpfe im antiken Rom)* umfassend beleuchtet und mit prosopographischen Details versehen. Syme beschreibt in seinen Büchern die sukzessive Verdrängung der römischen Eliten durch den Principat, wobei vor allem *The Roman Revolution* aufgrund der einseitig negativen Charakterisierung des Augustus mit einer gewissen Distanz zu lesen ist.

Die Präsenz von weiblichen Mitgliedern innerhalb der *domus Augusta* wird durch die zahlreichen Beiträge zu diesem Thema belegt. Für die vorliegende Arbeit von Nutzen ist der Band von Guglielmo Ferrero: *Die Frauen der Cäsaren* (1921), in dem eine zwar teilweise recht phantasievolle aber dennoch verwertbare Beschreibung und Beurteilung der Frauen des Kaiserhauses zu finden ist. Eine weitere Schrift, die sich vorrangig mit den weiblichen Mitgliedern –

ihren Affären, Verschwörungen und Machtambitionen - befasst, ist Eckard Meise: *Untersuchungen zur Geschichte der Julisch-Claudischen Dynastie* (1969). Sie bietet vor allem für die Untersuchung der beiden *Iuliae*, der Tochter und der Enkelin des Augustus, detaillierte Informationen. Eine wichtige Grundlage für die Analyse der Frauen des Kaiserhauses bildet der Sammelband von Hildegard Temporini - Gräfin Vitzthum (Hg.): *Die Kaiserinnen Roms. Von Livia bis Theodora* (2002), da Biographien der weiblichen Mitglieder der *domus Augusta* in dieser Ausführlichkeit und chronologischen Breite bislang noch nicht einheitlich behandelt wurden. Für das Thema dieser Arbeit von Bedeutung ist dabei der Aufsatz der Herausgeberin: *Die iulisch-claudische Familie: Frauen neben Augustus und Tiberius,* der durch detaillierte biografische und prosopographische Angaben glänzt. Neben diesem Überblickswerk gibt es mittlerweile sogar Monografien, die sich mit dem Leben verschiedener Kaiserfrauen beschäftigen. Dabei zu erwähnen sind die Biografien von Nikos Kokkinos: *Antonia Augusta. Portrait of a Great Roman Lady* (1992/2002), von Elaine Fantham: *Julia Augusti. The emperor's daughter* (2006) und jüngst veröffentlicht von Christine Kunst: *Livia. Macht und Intrigen am Hof des Augustus* (2008). Alle drei Monografien versuchen, dem Leser anhand der Analyse des vorhandenen Quellenmaterials eine detaillierte Lebensbeschreibung der jeweiligen Kaiserfrau und ihres unmittelbaren sozialen und familiären (und politischen) Hintergrundes zu geben.

Die gesellschaftlichen Phänomene Ehe, Familie und Verwandtschaft in der römischen Antike, mit denen sich die vorliegende Arbeit auseinandersetzt, sind in zahlreichen Beiträgen untersucht worden. Für diese Arbeit als Grundlage dienen die Werke von Dacre Balsdon: *Die Frau in der römischen Antike* (1989) und Gabriela Eisenring: *Die römische Ehe als Rechtsverhältnis* (2002) sowie der Aufsatz von Richard Saller und Brent Shaw: *Close-Kin Marriage in Roman Society?* von 1984. Die Thematik Ehepolitik innerhalb der römischen Familien ist in verschiedenen Aufsätzen dargestellt worden, so bei Mireille Corbier: *Constructing Kinship in Rome. Marriage and Divorce. Descent and Adoption* (1991), sowie bei Susan Dixon: *The Marriage Alliance in the Roman Elite* (1985) und bei Christiane Kunst: *Eheallianzen und Ehealltag in Rom* (2000). Augustus wollte auf die Ehe sowohl im familiären als auch im gesellschaftlichen Bereich Einfluss ausüben. Letzteres versuchte er über seine „Ehe- und Sittengesetzgebung" aus den Jahren 18 v. Chr. und 9 n. Chr. zu erreichen. Zu diesem Thema ist die Abhandlung von Angelika Mette-Dittmann: *Die Ehegesetze des Augustus. Eine Untersuchung im Rahmen der Gesellschaftspolitik des Princeps* aus dem Jahr 1991 zentral. Die Autorin analysiert die rechtlichen Reglungen und inhaltlichen Bestimmungen der einzelnen Gesetze auf der Basis umfangreicher Quellenauswertungen und zeigt ihre gesellschaftliche Bedeutung auf. Die Abfassung von *Julian Krüger: Die Ehegesetzgebung des Kaisers Augustus. Gesellschaftspolitik im frühen Prinzipat* (1994) und die Aufsätze von *Pál Csillag: Das Eherecht des augusteischen Zeitalters* (1968) und *Dieter Nörr: Planung in der Antike. Über die Ehegesetze des Augustus* (1977) stellen eine gute Ergänzung für Inhalt und Verständnis der augusteischen Ehegesetze dar. Weitere Darstellungen zu den Ehegesetzen des Augustus und zum Thema Ehe - Familie - Verwandtschaft sind vorhanden und werden wenn nötig an gegebener Stelle aufgegriffen.

II Die Ehe im antiken Rom

1 Bedingungen, Grundlagen und rechtlicher Charakter der Ehe

„Voraussetzung einer nach römischen Begriffen gültigen Ehe war die politische Berechtigung (Bürgerrecht), ein Mindestalter, die nicht zu nahe Verwandtschaft der Eheleute und die Erlaubnis der Väter."[9] Sofern die Heiratswilligen das römische oder das latinische Bürgerrecht besaßen, konnten sie also eine Ehe eingehen, wobei die Zustimmung der beiden Väter (*consensus patris*) Voraussetzung war.[10] Ein Mädchen galt mit zwölf, ein Junge mit 14 Jahren als heiratsfähig, das heißt die Heiratswilligen mussten die Geschlechtsreife (*pubertas*) erlangt haben, damit die Ehe rechtsgültig war.[11] Eheschließungen zwischen Römern und Nicht-Römern, zwischen einer Römerin und einem Sklaven oder einem Soldaten, zwischen einem Senator und einer Freigelassenen sowie zwischen nahen Verwandten (vgl. S. 19) waren verboten.[12] In der römischen Gesellschaft unterschied man zwischen *manus*-freier Ehe, bei der die Frau in der Gewalt (*manus*) des Vaters blieb und der *manus*-Ehe, bei der die Frau in die Rechtsgewalt des Ehemannes überging.[13] Letzteres bedeutete zugleich,

9 Krüger, Julian: Die Ehegesetzgebung des Kaisers Augustus. Gesellschaftspolitik im frühen Prinzipat, hrsg. vom Dekan des Fachbereichs 2 (=Fachhochschule für Verwaltung und Rechtspflege), Berlin 1994, S. 2.

10 Vgl. Mette-Dittmann, Angelika: Die Ehegesetze des Augustus. Eine Untersuchung im Rahmen der Gesellschaftspolitik des Princeps (=Historia Einzelschriften; 67), Stuttgart 1991, S. 170. Da die Kinder unter der *patria potestas* des Vaters standen, war die Ehe an dessen Zustimmung gebunden, vgl. Eisenring, Gabriela: Die römische Ehe als Rechtsverhältnis (=Habil.-Schr., Salzburg, Univ.), Wien u. a. 2002, S. 73.

11 Vgl. Balsdon, Dacre: Die Frau in der römischen Antike, aus dem Engl. v. Modeste zur Nedden Pferdepamp, 1. Aufl., München 1989, S. 194. Eine Verlobung konnte indes früher geschlossen werden.

12 Vgl. ebd., S. 195 und vgl. Kunst, Christiane: Eheallianzen und Ehealltag in Rom, in: Beate Wagner-Hasel/Thomas Späth (Hg.): Frauenwelten in der Antike. Geschlechterordnung und weibliche Lebenspraxis, Stuttgart 2000, S. 32-45, S. 40f. Bis 445 v. Chr. waren zudem Ehen zwischen Patriziern und Plebejern nicht gestattet. Als Höhepunkt des Ständekampfes wurde dieses Verbot aufgehoben, vgl. Mette-Dittmann, Ehegesetze, S. 20.

13 Vgl. Kunst, Christiane: Livia. Macht und Intrigen am Hof des Augustus, Stuttgart 2008, S. 338. Dies stellten keine Eheformen dar, sondern legten die Stellung der Frau innerhalb der Ehe fest, vgl. dazu Eisenring, Die römische Ehe, S. 10. Die Frau stand bei der *manus*-Ehe unter der Vormundschaft (*potestas*) des Mannes, bei der *manus*-freien Ehe entspre-

dass der Mann über das Vermögen (einschließlich aller Güter) seiner Gattin verfügte.

Den wichtigsten Zweck der Ehe stellte das Gebären von Kindern dar. Nachkommen, die aus einer rechtmäßigen Ehe hervorgingen, galten als legitim (*status iusti*) und folgten der Rechtsstellung des Vaters, das heißt sie unterstanden seiner *patria potestas*.[14] Uneheliche Kinder hingegen folgten der Rechtsstellung der Mutter, bekamen einen Vormund und waren vom Erbe des Vaters ausgeschlossen.

Die römische Ehe war grundsätzlich formlos, also nicht an einen bestimmten Rechtsakt gebunden.[15] Sie wurde als verwirklichte Lebensgemeinschaft angesehen, welche sich durch den Ehewillen (*consensus*) beider Parteien begründete, wobei der Handschlag als formaler Akt diesen Willen bestätigte.[16] Während der Hochzeitsfeierlichkeit wurde gewöhnlich ein Opfer vollzogen und ein schriftlicher Ehevertrag aufgesetzt, der die Vereinbarungen über die Mitgift (*dos*) regelte. Die Mitgift galt als wirtschaftlicher Beitrag der Familie der Braut zum gemeinsamen Lebensunterhalt sowie als Existenzgrundlage der Frau im Falle von Scheidung oder Tod des Ehemannes.[17]

Neben der Ehe gab es weitere Formen von Lebensgemeinschaften: *contubernium* und *concubinatus*. Gegen Ende der Römischen Republik wurde es üblich, Sklaven zur eheähnlichen Gemeinschaft (*contubernium*) zu ermuntern, weil es ihnen untersagt war, Ehen im rechtlichen Sinn zu führen.[18] Da für Soldaten, zwischen Senatoren und Freigelassenen sowie zwischen Sklavinnen und Freien ebenfalls keine Ehe möglich war, wurde das Konkubinat (*concubinatus*) als Form der sozialen Beziehung, in der Mann und Frau, Eheleuten gleich, in einer Lebensgemeinschaft zusammenlebten, allmählich anerkannt und akzeptiert.[19] Es gab im römischen Recht eine klare

---

chend unter der Vormundschaft des Vaters oder eines anderen männlichen Verwandten, vgl. Krüger, Ehegesetzgebung, S. 8.

14 Vgl. Eisenring, Die römische Ehe, S. 131.

15 Vgl. Kunst, Eheallianzen, S. 32. Dies schließt aber nicht aus, dass die Ehe Rechtscharakter besaß, da – wie im Folgenden näher erläutert wird – laut Rechtsquellen ein Ehewille ausschlaggebend war und das römische Recht zudem Ehevoraussetzungen und Ehehindernisse kannte, vgl. dazu Eisenring, Die römische Ehe, S. 65 und S. 106.

16 Vgl. Kunst, Eheallianzen, S. 32.

17 Vgl. Eisenring, Die römische Ehe, S. 157.

18 Vgl. Balsdon, Frau in der römischen Antike, S. 255.

19 Vgl. Eisenring, Die römische Ehe, S. 64. Das Konkubinat wurde auch dann als Form der Lebensgemeinschaft praktiziert, wenn man keine wei-

Abgrenzung des Konkubinats von der Ehe: demnach entstand keine rechtliche Verwandtschaft und die gemeinsamen Kinder waren nicht legitim.[20]

Die Blutsverwandtschaft war ein weiteres Ehehindernis und wurde als *incestum* mit dem Tod, später mit Verbannung bestraft.[21] Der betreffende Verwandtschaftsgrad wurde im Laufe der Zeit neu festgelegt. War bis zum Ende des 3. Jahrhunderts v. Chr. das Heiraten zwischen Cousin und Cousine zweiten Grades verboten, wurde später das Heiraten zwischen Geschwisterkindern, also Cousin und Cousine ersten Grades legalisiert.[22] Die Schwägerschaft (*adfinitas*), das heißt die Ehe zwischen Stiefeltern und Stiefkindern, zwischen Schwiegereltern und Schwiegerkindern, sowie die Adoption galt ebenfalls als Ehehindernis.[23] Diese Ehen galten als illegal und die Kinder dementsprechend als unehelich.

Die Ehe konnte durch Scheidung, Tod, Gefangenschaft, Sklaverei, Verbannung, durch den Willen des *pater familias* und durch nachträglich eintretende Ehehindernisse (zum Beispiel durch Adoption entstandene nahe Verwandtschaft) rechtmäßig aufgelöst werden.[24] Oftmals starb ein Ehepartner aufgrund demographischer Gegebenheiten - der kurzen Lebenserwartung, dem oftmals großen Altersabstand und der steten Lebensgefahr für Frauen aufgrund von Geburten - frühzeitig, sodass eine Wiederverheiratung für

---

tere Ehe eingehen wollte, zum Beispiel um Erbansprüche von Kindern aus früheren Ehen nicht zu verringern, vgl. Kunst, Eheallianzen, S. 40f. Senatoren nutzen das *concubinatus*, um mit Freigelassenen zusammen zu leben, vgl. Csillag, Pál: Das Eherecht des augusteischen Zeitalters, Klio 50 (1968), S. 111-138, S. 124. Dies förderte eine gewisse Polygamie in der römischen Gesellschaft.

20 Vgl. Eisenring, Die römische Ehe, S. 65.

21 Vgl. Balsdon, Frau in der römischen Antike, S. 195.

22 Vgl. Balsdon, Frau in der römischen Antike, S. 330, Anm. 9. Detaillierte Informationen sind zudem bei Corbier, Mireille: Constructing Kinship in Rome. Marriage and Divorce. Descent and Adoption, in: David I. Kertzer/Richard P. Saller (Hg.), The family in Italy from antiquity to the present, New Haven u.a. 1991, S. 127-144, S. 133f. zu finden. So wurde im Jahr 49 n. Chr. durch einen senatorischen Beschluss die Ehe zwischen Onkel und Nichte legalisiert, damit Claudius seine Nichte Agrippina heiraten konnte. Dieser Beschluss galt bis 342 n. Chr., vgl. Corbier, Constructing Kinship, S. 134.

23 Vgl. Eisenring, Die römische Ehe, S. 85. Ehen innerhalb der *adfinitas* wurden dennoch innerhalb der politisch führenden *gentes* geschlossen, vgl. Mette-Dittmann, Ehegesetze, S. 47.

24 Vgl. Eisenring, Die römische Ehe, S. 169.

Witwen und Witwer normal war.[25] Wie die Ehe war auch die Scheidung ein formloser Akt und bedurfte lediglich des Scheidungswillens eines oder beider Ehepartner. Die Mitgift musste, sofern im Ehevertrag festgelegt, zurückgegeben werden. In der frühen Römischen Republik kamen Scheidungen eher selten vor, da sie moralisch verurteilt wurden. Erst im weiteren Verlauf der Republik (3. Jahrhundert v. Chr.) nahm die Zahl der Scheidungen zu und erreichte während der frühen Principatszeit ihren Höhepunkt.[26] Vor allem in der Elite kamen Scheidungen recht häufig vor,[27] wenn der ursprüngliche Zweck der Ehe nicht mehr erfüllt wurde.

2 Ehepolitik in der Römischen Republik

Ehen unter adligen Familien wurden in der Römischen Republik in erster Linie aufgrund politischer, ökonomischer und sozialer Beweggründe geschlossen; Liebe und Romantik spielten eine untergeordnete Rolle. Die Ehe bot der römischen Aristokratie die Möglichkeit, die eigene Macht und den eigenen Besitz zu vermehren sowie politische Freundschaften (*amicitiae*) zu schließen.[28] Die Heirat innerhalb der römischen Oberschicht stand in engem Zusammenhang zu politischen Wechseln oder wirtschaftlichen Gegebenheiten. Diejenigen Familien, die über viel Besitz oder eine gute politische Stellung verfügten, wollten dies an ihre Kinder weitergeben und sahen dabei eine gezielte eheliche Verbindung als unbedingte Voraussetzung an. Um den eigenen Besitz zu sichern, wurde als Ehepartner eine Person aus der gleichen sozialen Schicht gewählt,[29] denn das Ziel einer jeden aristokratischen Familie war die Verbindung mit einer anderen machtvollen aristokratischen Familie. Aufgrund der wachsenden Rivalität innerhalb der Nobilität wurden Zweckbündnisse innerhalb der römischen Elite mittels Ehearrangements abgesichert, um so die politischen und wirtschaftlichen Kräfte zu bündeln[30] und soziale Stabilität zu erreichen. Die politische Bedeutung

---

25 Vgl. Corbier, Constructing Kinship, S. 128; vgl. Severy, Augustus and the family, S. 8.

26 Vgl. Eisenring, Die römische Ehe, S. 179.

27 Vgl. Kunst, Eheallianzen, S. 33.

28 Vgl. Krüger, Ehegesetzgebung, S. 9.

29 Vgl. Saller, Richard/Shaw, Brent: Close-Kin Marriage in Roman Society?, Man: Journal of the Royal Anthropological Institute, n.s. (=Man. n. s.) 19 (1984), S. 432-444, S. 438.

30 Vgl. Kunst, Eheallianzen, S. 33. Dies geschah durch das Arrangieren

von Eheschließungen stieg während der späten Römischen Republik und der Triumviratszeit bedingt durch die zunehmend unsichere politische Lage an und wurde von der Oberschicht zur Besiegelung politischer Bündnisse genutzt, denn „je weniger die Verbindlichkeit der Normen und Gesetze der *res publica* von den politischen Protagonisten anerkannt wurde, desto mehr scheint man auf diese private Ebene als Form der Erlangung von Verbindlichkeit gebaut zu haben."[31]

Die römischen Ehen der Oberschicht wurden durch die Eltern beider Partner arrangiert, in erster Linie von den Vätern.[32] Daher war die Ehe vor allem eine Verbindung von zwei beteiligten Parteien und nicht eine Verbindung von zwei individuellen Personen.[33] Den Frauen kam innerhalb ihrer Familie eine wichtige Rolle zu, da Ehearrangements häufig über die Tochter geknüpft wurden. Entscheidend war dabei, dass die Mädchen möglichst mit Beginn der Pubertät verheiratet wurden, um zum einen die Jungfräulichkeit und zum anderen eine gesunde Schwangerschaft zu gewährleisten.[34] Je bekannter und prominenter eine Familie war, desto mehr entschied politisches Kalkül und ökonomisches Denken und desto weniger Entscheidungsfreiheit hatte die Tochter in Alter, Erscheinung und Charakter des zukünftigen Ehemannes.[35] Als Beispiel ist die Ehe zwischen dem 23 Jahre älteren Gnaeus Pompeius[36] und Iulia, der Tochter Caesars, zu nennen, mit der das Bündnis (soge-

---

vorteilhafter Ehen für die Töchter, während die Söhne den *cursus honorum* durchlaufen und sich im Krieg bewähren sollten. Daher kam den weiblichen Mitgliedern der Adelsfamilien eine entscheidende Rolle für den Abschluss politischer Bündnisse zu.

31 Dettenhofer, Herrschaft und Widerstand, S. 92.

32 Kunst betont, dass zwar die Zustimmung des *pater familias* juristisch notwendig war, aber die Mutter oftmals bei der Wahl des Ehepartners eine entscheidende Rolle spielte, da sie für matrimonale Zweckmäßigkeiten zuständig war, vgl. Kunst, Eheallianzen, S. 38. Siehe auch Severy, Augustus and the family, S. 12f.

33 Vgl. Dixon, Susan: The Marriage Alliance in the Roman Elite, Journal of Family History (=JFamHist) 10 (1985), S. 353-378, S. 372.

34 Vgl. Fantham, Elaine: Julia Augusti. The emperor's daughter (=Women of the ancient world), London u.a. 2006, S. 1. Doch gab es nachweislich auch Ehen, die mit „Kindsbräuten" geschlossen wurden, das heißt die Mädchen waren jünger als zwölf Jahre und hatten teilweise ihre erste Monatsblutung noch nicht gehabt, vgl. Kunst, Eheallianzen, S. 37.

35 Vgl. Fantham, Julia Augusti, S. 3.

36 Pompeius war aufgrund wechselnder politischer Koalitionen insgesamt fünfmal verheiratet, vgl. Kunst, Eheallianzen, S. 33.

nanntes erstes Triumvirat mit Marcus Licinius Crassus) gefestigt werden sollte.

Für die Familie des Bräutigams war die richtige Wahl der Braut ebenso entscheidend, da die zukünftige Gattin über ihre Mitgift Besitz in die Familie des Ehemannes einbrachte. Die Mitgift und das Vermögen der Frau stellten oftmals die Voraussetzung für eine Eheschließung dar. Ein Aristokrat galt als klug und ehrenhaft, wenn er eine Gattin „um ihres Reichtums willen heiratete."[37] Als Beispiel sei auf Cicero verwiesen, der als *homo novus* aus dem Ritterstand kommend in erster Ehe die vermögende Terentia heiratete. Um ihr nach der Scheidung die Mitgift auszahlen zu können, ehelichte der 63-Jährige sodann die 17-jährige reiche Erbin Publilia.[38] Eine Ehe diente der Familie des Mannes ferner dazu, legitime Nachfolger zu zeugen, um die Klientel und die soziale Stellung weiterzugeben. Viele Ehen blieben aber kinderlos,[39] sodass eine Scheidung und Neuverheiratung die logische Konsequenz waren und die Person, gleich ob Mann oder Frau, deshalb auch nicht zwingend brandmarkte. Auch die Adoption[40] stellte eine Möglichkeit dar, trotz Kinderlosigkeit eine Familie zu gründen und somit die eigene *gens* fortbestehen zu lassen.[41]

Durch mehrere Ehen konnten mehrere Verbindungen geschaffen und Allianzen gefestigt werden. Dadurch erklärt sich auch der Bedeutungsverlust der *manus*-Ehe, bei der die Frau in die Gewalt des Gatten überging. Bleibt nämlich die Tochter in einer *manus*-freien Ehe unter der *patria potestas* des Vaters, konnte er sie auch nach der Verheiratung für seine politischen Zwecke einsetzen und

---

37 Ferrero, Guglielmo: Die Frauen der Cäsaren, übers. von Ernst Kapff, 3. Aufl., Stuttgart 1921, S. 21.

38 Vgl. ebd., S. 22f.

39 Vgl. Alföldy, Géza: Römische Sozialgeschichte, 3., völlig überarb. Aufl. (=Wissenschaftliche Paperbacks Sozial- und Wirtschaftsgeschichte, Bd. 8), Wiesbaden 1984, S. 103 und S. 215f. Kinderlosigkeit kam aufgrund von Fehlgeburten häufig vor, da medizinische Einrichtungen, ausgebildete Geburtshelfer sowie ein detailliertes Verständnis von Säuglingspflege fehlten. Auch die Kindersterblichkeit war aufgrund fehlender medizinischer Kenntnisse zur damaligen Zeit extrem hoch, vgl. ebd., S. 217.

40 Bei einer Adoption wurden in erster Linie Männer von anderen Männern adoptiert, wodurch Name, Erbe und Klientel übertragen wurden. Der Adoptierte profitierte also von dem Status des Adoptivvaters und dieser wiederum konnte eine Person (beziehungsweise den Besitz und die Nachkommen) kontrollieren, da diese unter seiner *potestas* stand, vgl. Corbier, Constructing Kinship, S. 142.

41 Vgl. Kunst, Livia, S. 180. Auch Familien, die nur Töchter hatten, sahen eine Adoption als probates Mittel der Familienpolitik an.

die Kapitalströme weiterhin kontrollieren.[42] So konnte ihr Anteil am Familienvermögen für die Herkunftsfamilie bewahrt werden.[43] Die weibliche Linie der Verwandtschaft erfuhr durch die *manus*freie-Ehe folglich eine Aufwertung.

Wenn Eheverbindungen die Beziehung zwischen zwei Familien festigten und diese für beide Parteien politisch, ökonomisch und/oder sozial zufrieden stellend waren, wurde die Verbindung über die folgenden Generationen oftmals durch Verwandtenehen gefestigt.[44] Auf diese Weise wurde eine Zersplitterung des Familienbesitzes verhindert.[45] Diese endogamen Ehen[46] verhinderten den Zerfall der Geschlechter und dienten der Sicherung des Familienvermögens sowie der Anhäufung von Besitz, politischem Rang und sozialem Status. Sowohl in Familien der Plebejer als auch innerhalb der führenden Familien Roms gab es Ehen zwischen Cousin und Cousine ersten Grades seit dem 2. Jahrhundert v. Chr.,[47] da diese Eheschließungen legal waren und keine soziale Stigmatisierung zur Folge hatten.[48] Eine andere Form der Verwandtenehe war die Verheiratung von Stiefkindern.[49]

Dynastische Politik wurde von den großen aristokratischen Familien der Republik praktiziert, jedoch wurden die Ehen meist exogam geschlossen oder allenfalls innerhalb der entfernten Verwandtschaft, um die Solidarität zu stärken und eine gewisse politische Absicherung zu erlangen.[50] Ehen innerhalb der eigenen Verwandtschaft, sogenannte „Vetternehen" galten bis Ende der Römi-

---

42 Vgl. Kunst, Eheallianzen, S. 34. Krüger sieht den entscheidenden Grund für den Rückgang der *manus*-Ehe in der zunehmenden Emanzipation der römischen Bürgerinnen, sodass im 1. Jahrhundert v. Chr. die *manus*-freie Ehe nahezu als einzige Form der Eheschließung existierte, vgl. Krüger, Ehegesetzgebung, S. 12.

43 Vgl. Mette-Dittmann, Ehegesetze, S. 81.

44 Vgl. Dixon, The Marriage Alliance, S. 370. Verwandtenehen folgten ganz dem Vorbild der hellenistischen Königsdynastien. So haben die Ptolemäer „nach dem Vorbild der Pharaonen seit Ptolemaios II. Philadelphos regelmäßig ihre Schwestern geehelicht", Kunst, Livia, S. 95f.

45 Vgl. Shaw/Saller, Close-kin marriage, S. 438.

46 „Endogame Ehe" meint die Heirat innerhalb einer Gruppe: hier die eigene (nahe) Verwandtschaft einschließlich der Adoptivverhältnisse und Schwägerschaften. Als Gegensatz dazu: exogame Ehen.

47 Die Familien der führenden *gentes* Roms schlossen häufig Ehen innerhalb des 4. Verwandtschaftsgrades, vgl. Mette-Dittmann, Ehegesetze, S. 47.

48 Vgl. Shaw/Saller, Close-kin marriage, S. 433.

49 Vgl. Corbier, Constructing Kinship, S. 141.

50 Vgl. Kunst, Livia, S. 126.

schen Republik als ungewöhnlich und kamen nur selten vor, wenn etwa die finanziellen Verhältnisse dazu zwangen.[51] Erst mit Augustus und der Errichtung des Principats gewann die Verwandtenehe an Bedeutung und wurde zielgerichtet genutzt, um die Herrschaft der *Principes* dauerhaft dynastisch abzusichern.

51 Vgl. ebd.

III Die Ehegesetze des Augustus

1 Vorbemerkung

Nach Beendigung der Bürgerkriege hat Augustus eine Neuordnung des Staates durch Veränderungen in den Bereichen Politik, Wirtschaft und Gesellschaft vorgenommen. Sein Interesse erstreckte sich dabei auch auf den Bereich der Ehe und Familie, wie es seine Ehe- und Sittengesetzgebung verdeutlicht. Insgesamt drei zwischen 18 v. Chr. und 9 n. Chr. erlassene Gesetze[52] zur „Regeneration der römischen Bürgerschaft"[53] behandelten das Zusammenleben von Mann und Frau in der Ehe: zum einen wurde der Tatbestand des Ehebruchs (*lex Iulia de adulteriis coercendis,* Kap. 2), zum anderen die Bereiche Eheschließung zwischen den Ständen und Kinderzeugung (*lex Iulia de maritandis ordinibus* und *lex Papia Poppaea,* Kap. 3) gesetzlich geregelt. Dieser Bereich der Ehe und Familie wurde teilweise bereits in der Römischen Republik gesetzlich fixiert,[54] aber die Gesetze des Augustus sind in dieser Form, in ihrer Ausführlichkeit und ihrem Umfang, als einzigartig in der Antike zu bezeichnen.[55]

Im Folgenden soll ein kurzer Überblick über die Inhalte der Ehegesetze gegeben werden. Die Gesetzestexte selbst sind nicht erhalten, sodass der Inhalt nur fragmentarisch über andere antike Rechtsquellen und zeitgenössische Schriftsteller überliefert ist.[56] Die

---

52 Augustus hatte wohl bereits während seiner ersten Reformen zwischen 29 und 27 v. Chr. versucht, Ehegesetze zu erlassen, die er aufgrund von Opposition jedoch wieder aufgeben musste beziehungsweise erst gar nicht durchsetzen konnte, vgl. Dettenhofer, Herrschaft und Widerstand, S. 141; vgl. Frank, Richard: Augustus' Legislation on Marriage and Children, California Studies in Classical Antiquity (=CSCA) 8 (1975), S. 41-52, S. 43.

53 Eisenring, Die römische Ehe, S. 5.

54 Vgl. Suet. Aug. 34,1; Augustus spricht in seinem Tatenbericht (RG 8) davon, dass auf seinen Antrag neue Gesetze (*legibus novis me auctore*) aus Einrichtungen der Vorfahren (*multa exempla maiorum exolescentia*) erlassen wurden. Die Wurzeln der Gesetzgebung sind die moralischen Richtlinien Platons, die Reden über die Ehen der Metelli Caecilii, die Gesetzgebung des Tiberius Gracchus für eine erhöhte Kinderzahl und Iulius Caesars Begünstigung der Bodenverteilung an Familienväter mit drei Kindern, vgl. Csillag, Eherecht, S. 114. Ein Gesetz bezüglich Ehebruch war völlig neu, da es zuvor Angelegenheit der Familien war, ehebrecherische Frauen zu bestrafen; Männer wurden nicht wegen Ehebruchs verfolgt.

55 Vgl. Krüger, Ehegesetzgebung, S. 6.

56 Vgl. Nörr, Dieter: Planung in der Antike. Über die Ehegesetze des Au-

lex Iulia de maritandis ordinibus und die *lex Papia Poppaea* werden, anknüpfend an antike Quellen, gemeinsam behandelt, da sie den gleichen Bereich abdecken und inhaltlich schwer zu trennen sind.[57] Im Anschluss werden der Zweck der Gesetze und die gesellschaftlichen, politischen und wirtschaftlichen Auswirkungen erörtert.

2 *Lex Iulia de adulteriis coercendis*

Das „iulische Gesetz zur Bestrafung von Ehebruch" aus dem Jahr 18 v. Chr. legte fest, dass Ehebruch (*adulterium*) und Unzucht (*stuprum*) als Delikte zu ahnden sind: „*Adulterium* meint Einbruch eines Mannes in eine fremde Ehe. [...] *Stuprum* umfaßt die Verführung von Jungfrauen und Witwen."[58] Betrügt der Ehemann seine Gattin mit einer außerhalb der Ehe stehenden Frau - also einer Jungfrau oder Witwe - kann er nur wegen *stuprum* angeklagt werden, wenn er aber mit einer verheirateten Frau ein Verhältnis eingeht, dann wird er wegen Ehebruchs angeklagt.[59] Eine Ehefrau wird im Gegensatz dazu als Ehebrecherin überführt, sobald sie ihrem Mann sexuell untreu ist, unabhängig davon, ob sie mit einem ledigen oder einem verheirateten Mann eine Liebschaft hat.[60]

Der Vater der Ehebrecherin hatte das Recht, den Ehebrecher zu töten, sofern er den Ehebruch in seinem eigenen Haus oder dem des Schwiegersohnes entdeckt, jedoch nur bei gleichzeitiger Tötung seiner eigenen Tochter.[61] Der Ehemann durfte den Ehebrecher nur

---

gustus, in: Horst Baier (Hg.), Freiheit und Sachzwang. Beiträge zu Ehren Helmut Schelskys, 1. Aufl., Opladen 1977, S. 309-334, S. 311; vgl. auch Frank, Legislation, S. 45.

57 Zu dieser Diskussion vgl. Csillag, Eherecht, S. 115f. und vgl. Nörr, Planung, S. 311. Csillag, Eherecht, S. 116, vermutet, dass die *lex Iulia de adulteriis coercendis* möglicherweise ein Kapitel der im gleichen Jahr erlassenen *lex Iulia de maritandis ordinibus* war.

58 Mette-Dittmann, Ehegesetze, S. 34. Die *lex Iulia de adulteriis* erstreckte sich nicht auf den Bereich der Konkubinatsverhältnisse, da keine Rechtswirkungen einer Ehe vorlagen, vgl. ebd., S. 73.

59 Vgl. ebd., S. 40 und S. 77.

60 Bereits während der Römischen Republik konnte Ehebruch nur von einer verheirateten Frau begangen werden. Betrog der Ehemann die Gattin, wurde es lediglich als unsittlich angesehen, da für ihn die Verpflichtung der sexuellen Treue nicht galt, vgl. Krüger, Ehegesetzgebung, S. 10 und S. 21.

61 Vgl. Mette-Dittmann, Ehegesetze, S. 35.

dann töten, wenn er diesen in seinem eigenen Haus *in adulterio* erwischte und der Ehebrecher von niederem Stand war: Kuppler, Schauspieler, Tänzer, Sänger, Sklave oder Freigelassener.[62] Die Gattin war vom Tötungsrecht des Ehemannes ausgeschlossen. Augustus griff hier in die republikanische Tradition ein, nach der es in der Gewalt des Ehemannes lag, die als Ehebrecherin ertappte Gattin zu töten.[63] Gleichzeitig wurde mit dieser Regelung eine Ausweitung der Position des *pater familias* gefördert, der nun ein gegenüber dem Ehemann privilegiertes Tötungsrecht der Tochter besaß, unabhängig davon, ob sie in einer *manus*-freien Ehe oder in einer *manus*-Ehe lebte. Der Ehemann hatte ferner die Pflicht, seine Frau bei Ehebruch anzuzeigen, da er ansonsten wegen Kuppelei und Zuhälterei selbst angezeigt werden konnte.[64] Eine Ehefrau konnte ihren Mann wegen sexueller Untreue weder töten noch anklagen; sie konnte höchstens die Scheidung aussprechen.

Augustus hatte eigens einen Gerichtshof, den *quaestio de adulteriis*,[65] geschaffen, sodass Ehebruch nun zu einem öffentlich verfolgten Verbrechen wurde. Laut Gesetz musste die Scheidung im Zuge eines *adulterium*-Verfahrens vor mindestens sieben römischen Bürgern vollzogen werden, die als Zeugen fungierten.[66] Neu war zudem das Recht eines Sklaven, bei Ehebruchsprozessen gegen seinen Patron als Zeuge aufzutreten (*quaestio servorum*).[67]

Der Strafbestand des Ehebruchs zog ökonomische und soziale Konsequenzen nach sich. So wurden Ehebrecher und Ehebrecherin auf unterschiedliche Inseln verbannt und der Frau die Hälfte der Mitgift und ein Drittel des Vermögens, dem Mann die Hälfte des Vermögens genommen.[68] Weitere Folgen für den Ehebrecher waren der Verlust der Testierfreiheit sowie das Verbot der Zeugnisfähigkeit.[69] Die als Ehebrecherin verurteilte Frau durfte keine neue Ehe

62 Vgl. Krüger, Ehegesetzgebung, S. 20.

63 Vgl. Eisenring, Die römisch Ehe, S. 149. Der Gewalthaber (Ehemann oder Vater, je nach Stellung der Frau) konnte vorher nach eigenem Ermessen den Ehebruch bestrafen, vgl. Dettenhofer, Herrschaft und Widerstand, S. 140.

64 Vgl. Krüger, Ehegesetzgebung, S. 20; vgl. Dettenhofer, Herrschaft und Widerstand, S. 139.

65 Vgl. Bringmann, Klaus: Augustus (=Gestalten der Antike), Darmstadt 2007, S. 165.

66 Vgl. Csillag, Eherecht, S. 136 und vgl. Mette-Dittmann, Ehegesetze, S. 57.

67 Vgl. Dettenhofer, Herrschaft und Widerstand, S. 139.

68 Vgl. Fantham, Julia Augusti, S. 42.

69 Vgl. Mette-Dittmann, Ehegesetze S. 65. Mit den gleichen Strafen wurde der Tatbestand *incestum* (vgl. S. 28) und *stuprum* belangt, vgl. ebd.

mehr eingehen, sondern höchstens ein Konkubinatsverhältnis führen. Dieses Verbot ruinierte ihre soziale Existenz, da sie nunmehr eine „infame" Person, gleichgestellt mit Prostituierten und Schauspielerinnen, war.[70] Für den ehebrecherischen Mann gab es kein Heiratsverbot, lediglich ein Verbot der Übernahme öffentlicher Ämter.[71]

Neben *adulterium* und *stuprum* wurde in der *lex Iulia de adulteriis coercendis* als weiteres Delikt das *incestum* behandelt. Als Inzest eingestuft - und damit verboten - wurde die Ehe zwischen Eltern und Kindern (bis zu den Urenkeln), zwischen Geschwistern, zwischen Stiefeltern und -kindern, zwischen Schwiegereltern und -kindern, einschließlich der entsprechenden Adoptivverhältnisse.[72] Der Bereich der Schwägerschaften stellte dabei eine gesetzliche Neuerung dar.

3 *Lex Iulia de maritandis ordinibus* und *lex Papia Poppaea*

Die *lex Iulia de maritandis ordinibus* („iulisches Gesetz über die Ehen zwischen den Bürgerständen") aus dem Jahre 18 v. Chr. und die *lex Papia Poppaea*[73] aus dem Jahre 9 n. Chr. enthielten Ehegebote und Eheverbote sowie entsprechende Privilegien und Sanktionen. Letzteres Gesetz beinhaltete Neuerungen und Veränderungen der bereits durch die 27 Jahre zuvor erlassene *lex Iulia* gefassten Beschlüsse.[74]

Die Gesetze forderten von Männern zwischen dem 25. und dem 60. Lebensjahr sowie von Frauen zwischen dem 20. und 50. Lebensjahr, eine Ehe einzugehen, da die Ehe als Voraussetzung galt, um legitime Nachkommen zu zeugen.[75] Ferner musste nach der *lex Iulia de maritandis ordinibus* eine verwitwete Person nach einem Jahr, eine geschiedene Person nach sechs Monaten erneut heiraten, um den

70 Vgl. Krüger, Ehegesetzgebung, S. 21.

71 Vgl. Mette-Dittmann, Ehegesetze, S. 73.

72 Vgl. ebd., S. 43f. Auch die Heirat von Onkel und Nichte galt als inzestuös.

73 Von den Konsuln Papius Mutilus und Poppaeus Secundus auf Initiative des Augustus vorgelegtes Gesetz, vgl. Cass. Dio 56,10.

74 Es gab teilweise heftige Proteste in der Bevölkerung, die eine Abmilderung der Gesetze bewirkten, vgl. Suet. Aug. 34,1-2 und vgl. Cass. Dio 56,1.

75 Vgl. Eisenring, Die römische Ehe, S. 89.

gesetzlich vorgeschriebenen Sanktionen zu entgehen; die *lex Papia Poppaea* verlängerte die Frist auf zwei beziehungsweise eineinhalb Jahre.[76] Diese gesetzliche Festlegung des Ehezwanges versuchten viele zu umgehen, indem sie sich mit Kindern verlobten, ohne diese jedoch später zu heiraten. Deshalb wurde durch die *lex Papia Poppaea* festgelegt, dass man sich nicht mit Kindern unter zwölf Jahren verloben durfte und zudem eine Heirat innerhalb von zwei Jahren nach einer Verlobung erfolgen musste.[77]

Ferner beseitigten die Gesetze potentielle Ehehindernisse. So konnte bei der Verweigerung einer Heirat durch den *pater familias* ein Magistrat diese dennoch durchsetzen und zudem die Auszahlung der Mitgift anordnen, sofern der Vater keine rechtskräftigen Gründe gegen diese Ehe hervorbringen konnte (zum Beispiel Geisteskrankheit beim potentiellen Bräutigam).[78] Witwen, die durch das Testament ihres Ehemannes verpflichtet wurden, nach dessen Tod unverheiratet zu bleiben, um das Erbe zu erhalten, wurde nunmehr die Pflicht zur Wiederverheiratung auferlegt bei gleichzeitiger Gewährung des Erbantritts. Dazu mussten sie innerhalb eines Jahres einen Eid ablegen, dass sie sich wieder verheiraten, um Kinder zu gebären.[79] Auch dem Patron wurde per Gesetz die Möglichkeit genommen, von seiner/m Freigelassenen einen Eid der Verpflichtung zur Ehelosigkeit zu verlangen.[80]

Neben diesen Pflichten zur Eheschließung gab es ferner Einschränkungen bei der Wahl des Ehepartners. Als Römer durfte man keine Sklavinnen, Dirnen, Kupplerinnen und andere anrüchige Frauen heiraten[81] und als Römerin keine Rennwagenfahrer, Gladiatoren oder Sklaven.[82] Senatoren und deren Nachkommen - Söhne und Töchter, Enkel und Enkelinnen, Urenkel und Urenkelinnen - war es verboten, Freigelassene, Schauspieler oder Schauspielerkinder zu heiraten.[83] Allen anderen Personen adliger Herkunft gestatte-

76 Vgl. ebd., S. 122.

77 Vgl. Krüger, Ehegesetzgebung, S. 25; vgl. Cass. Dio 54,16,7.

78 Vgl. Csillag, Eherecht, S. 122; vgl. Mette-Dittmann, Ehegesetze, S. 133.

79 Vgl. Mette-Dittmann, Ehegesetze S. 137. Damit hatte das Ideal der nur einmal verheirateten Frau (*univira*), das in den aristokratischen Kreisen der römischen Bevölkerung bestand, eine Abwertung erfahren, vgl. Krüger, Ehegesetzgebung, S. 25.

80 Vgl. Mette-Dittmann, Ehegesetze, S. 135. Genaues regelte die *lex Aelia Sentia* (4 n. Chr.).

81 Vgl. Eisenring, Die römische Ehe, S. 88; vgl. Dettenhofer, Herrschaft und Widerstand, S. 135, Anm. 44.

82 Vgl. Krüger, Ehegesetzgebung, S. 26.

83 Vgl. Cass. Dio 54,16,2.

te das Gesetz, mit Freigelassenen eine Ehe einzugehen, und behandelte die daraus entstandenen Kinder als legitim.[84]

Zur Durchsetzung der Gesetze wurden Privilegien für die Geburt von Kindern gewährt beziehungsweise Sanktionen in Form von Vermögensstrafen für unverheiratete und kinderlos verheiratete Personen auferlegt.[85] Die Privilegien waren an das „Dreikinderrecht" (*ius trium liberorum*) geknüpft, welches man erhielt, sobald man drei legitim gezeugte Kinder vorweisen konnte.[86] Außerhalb von Rom in den italischen Munizipien waren vier Kinder, in den Provinzen fünf Kinder verpflichtend, um in den Genuss von Privilegien zu kommen.[87] Ein Vater von mehreren Kindern konnte das Mindestalter für ein Amt des *cursus honorum* für sich verringern, „indem er [...] die Anzahl von Jahren abziehen durfte, die der Zahl seiner Kinder entsprach."[88] Es wurde genau festgelegt, in welcher Reihenfolge privilegierte Väter zum Konsulat zugelassen wurden: Zuerst zählte die Kinderzahl, bei Gleichheit wurden verheiratete Männer, die mit dem Ehrenrecht der *fasces* ausgestattet waren, bevorzugt oder solche, denen die *iura maritorum* als Privileg zugesprochen wurde, das heißt die als verheiratet galten; Männer, die in einer zweiten Ehe lebten, hatten Vorrang vor Männern, die nach der Scheidung oder als Witwer nicht erneut heirateten.[89] Ein weiteres Privileg stellte die freie Wahl der Provinz für eine Statthalterschaft dar, die üblicherweise per Los verteilt wurde.[90] Bei öffentlichen Schauspielen im Theater oder im Zirkus wurden kinderreichen Männern ehrenhafte Sitzplätze zugewiesen, während unverheiratete Männer im Gegensatz dazu von bestimmten Veranstaltungen ausgeschlossen wurden.[91] Frauen, die das *ius liberorum* erhielten, wur-

---

84 Vgl. Csillag, Eherecht, S. 122.

85 Belohnungen und Bestrafungen als Mittel zur Kindererhöhung sind nicht von Augustus erfunden wurden, sondern sie gab es bereits in Sparta und im übrigen Griechenland, vgl. Krüger, Ehegesetzgebung, S. 14, Anm. 51.

86 Vgl. Tac. ann. 2,51; vgl. Cass. Dio 53,13,2. Das *ius trium liberorum* griff allerdings nur, wenn drei Kinder den 9. Tag überlebt hatten oder zwei von ihnen das 4. Lebensjahr erreicht hatten oder ein ehefähiges Kind dabei war, vgl. Mette-Dittmann, Ehegesetze, S. 151 und S. 169.

87 Vgl. Balsdon, Frau in der römischen Antike, S. 224. Augustus wollte mit der hohen Kinderanzahl den Aufstieg der Freigelassenen hemmen, denn es war für diese Familien ökonomisch kaum möglich, die Vorgabe zu erfüllen, vgl. Mette-Dittmann, Ehegesetze, S. 201.

88 Krüger, Ehegesetzgebung, S. 26.

89 Vgl. Mette-Dittmann, Ehegesetze, S. 147.

90 Vgl. Frank, Legislation, S. 46.

91 Vgl. Suet. Aug. 44, 2. Das Verbot für kinder- und ehelose Personen, an Spielen und Theaterstücken teilzunehmen, wurde durch die *lex Papia*

den von der Geschlechtsvormundschaft (*tutela mulieris*) befreit und durften als besondere Ehre die *stola instita* tragen, die die Trägerin optisch von den niederen Frauen abhob.[92] Das Dreikinderrecht befreite den Freigelassenen von der Arbeitsverpflichtung gegenüber seinem Patron und von dessen Vormundschaft, sodass ihm das Aufsetzen eines Testaments ohne patronale Mitwirkung möglich war.[93] Bei dreifacher Elternschaft war man zudem von der Wiederverheiratungspflicht im Falle von Scheidung oder Tod des Ehepartners dispensiert.[94] Das *ius trium liberorum* konnte einzelnen Personen oder Gruppen auch zeitweise oder dauerhaft als Ehrenrecht vom Senat oder Kaiser zugesprochen werden.[95]

Neben den genannten Privilegien für kinderreiche Personen legten die Gesetze des Augustus erbrechtliche Sanktionen für unverheiratete und kinderlose Personen fest.[96] So konnten Unverheiratete (*caelibes*) keine testamentarisch zugedachten Erbschaften oder Legate erhalten;[97] kinderlose Personen (*orbi*), die in einer Ehe lebten, konnten laut Gesetz nur die Hälfte des ihnen zugedachten Erbes antreten.[98] Ehepartner ohne Kinder erbten zudem nur ein Zehntel des Vermögens voneinander, wobei sich der Betrag stufenweise je nach Anzahl der Kinder erhöhte.[99] Sobald man das *ius trium liberorum* zugesprochen bekam, erbte man das komplette Vermögen des Ehepartners sowie die zugedachten Erbschaften und Legate. Gab es nach diesen neuen gesetzlichen Bestimmungen keinen Erbempfän-

---

Poppaea aufgehoben, vgl. Bringmann, Augustus, S. 165.

92 Vgl. Csillag, Eherecht, S. 132.

93 Vgl. ebd., S. 128; vgl. Mette-Dittmann, Ehegesetze, S. 172.

94 Vgl. Frank, Legislation, S. 44f.; vgl. Nörr, Planung, S. 312.

95 Vgl. Mette-Dittmann, Ehegesetze, S. 149. Bestes Beispiel ist Livia Drusilla, die im Jahre 9 v. Chr. anlässlich des Todes ihres Sohnes Drusus dieses Ehrenrecht erhielt (vgl. Anm. 147).

96 Diese unterlagen möglicherweise einer Vermögensgrenze, vgl. Nörr, Planung, S. 313.

97 Vgl. Mette-Dittmann, Ehegesetze, S. 153. Dies galt jedoch nicht für Erbschaften in der nahen Verwandtschaft (Abkömmlinge bis zum dritten Grad in gerader Linie und sonstige Blutsverwandte bis zum sechsten Verwandtschaftsgrad), da auf das gesetzliche Erbe (Intestat) kein Zugriff erfolgen konnte, vgl. ebd. Auch eine neue Ehe innerhalb von 100 Tagen ermöglichte den Erhalt eines Erbanteils, vgl. Nörr, Planung, S. 312; siehe auch Krüger, Ehegesetzgebung, S. 29f.

98 Vgl. Bringmann, Augustus, S. 168. Die *lex Papia Poppaea* veränderte die Bestimmungen zum Erbrecht dahingehend, dass kinderlose Ehepaare im Gegensatz zu ehe- und kinderlosen Personen wenigstens die Hälfte erbten, vgl. Csillag, Eherecht, S. 126.

99 Vgl. Mette-Dittmann, Ehegesetze, S. 176; vgl. Nörr, Planung, S. 312f.

ger, galt das Erbe als „herrenloses Gut“ und kamen dem Fiskus zugute.[100] Mit diesen erbrechtlichen Sanktionen beabsichtigte Augustus, dass kinderlose Ehen geschieden werden.

Die *lex Papia Poppaea* verlangte eine „amtliche“ Beweispflicht von ehelich und unehelich geborenen Kindern, die in speziellen Buchrollen registriert wurden, um so eine korrekte Verteilung der Privilegien zu gewährleisten und Missbrauch zu verhindern.[101]

4 Intention und Auswirkungen der Gesetze

Augustus griff mit seiner Ehe- und Sittengesetzgebung entscheidend in die Privatsphäre der Bürger ein, indem er sowohl Ehen innerhalb bestimmter Altersgrenzen als auch eine Wiederverheiratung bei Scheidung oder Tod reglementierte, Ehebruch öffentlich bestrafte, Geburten registrieren ließ, Sanktionen gegen Ehe- und Kinderlosigkeit in Bezug auf die Ämterbesetzung und das Erbrecht verhängte und Begünstigungen für Eheleute und kinderreiche Personen fixierte. Mögliche Ehehindernisse wie die Zustimmung des *pater familias* zur Heirat oder der testamentarische Willen des Ehemannes gegen eine neue Ehe der Gattin wurden durch die neuen Gesetze beseitigt, was die Macht des Ehemannes und des Vaters mehr und mehr beschränkte. Dieser Autoritätsverlust äußerte sich auch darin, dass mit der *lex Iulia de adulteriis* das Recht des *pater familias*, allein über die des Ehebruchs überführte Frau zu urteilen, durch die Einrichtung von Quästionsgerichten beschnitten wurde. Wie Nörr darlegt, förderten die Maßnahmen des Augustus zudem „‚emanzipatorische‘ Tendenzen“: Frauen mit drei Kindern wurden von der *tutela* befreit und Freigelassene mit Kindern erhielten eine bessere Stellung gegenüber ihrem Patron.[102]

Mit seinen Ehegesetzen machte Augustus die Bereiche Ehe, Familie und Kinderzeugung zu einer öffentlichen Angelegenheit, da er juristisch in einen Bereich eingegriffen hatte, der vorher intern innerhalb der *familia* beziehungsweise vom *pater familias* geregelt worden war. Dieser Eingriff in vormals private Regelungen stieß

---

100 Vgl. Krüger, Ehegesetzgebung, S. 30 und Anm. 93. Sofern das Erbe nicht an eine andere im Testament bedachte Person mit Kindern zugeteilt werden konnte, wurde es der Staatskasse zugeschrieben, vgl. Frank, Legislation, S. 45.

101 Vgl. Krüger, Ehegesetzgebung, S. 32.

102 Vgl. Nörr, Planung, S. 317.

vor allem innerhalb der römischen Aristokratie auf Widerstand, womit sich die Abmilderungen durch die *lex Papia Poppaea* erklärten, so zum Beispiel die Ausweitung der Frist zur neuen Heirat nach Tod oder Scheidung. Um der Bestrafung der augusteischen Gesetze, vor allem in Bezug auf die erbrechtlichen Sanktionen, zu entgehen, gab es Scheinehen und Scheinadoptionen.[103]

Die Ehegesetze des Augustus waren Bestandteil seiner Gesellschaftspolitik, deren Ziel – so die augusteische Propaganda – eine Erneuerung der Sitte und Moral der römischen Bürger sowie der Würde und Reinheit der Ehe war.[104] Der unmittelbare Zweck der Ehegesetze war die Zunahme der Eheschließungen und der damit erhoffte Anstieg der Kinderzahl, denn die Ehe und die damit verbundene Gründung von Familien war eine Notwenigkeit „gesellschaftlicher Stabilität, wirtschaftlicher Prosperität und politischer Macht."[105] Bereits am Ende der Römischen Republik bemängelte man die geringe Zahl von Kindern in den römischen Familien,[106] was ein allmähliches Sinken der wehrfähigen Bevölkerung nach sich zog.[107] Vor allem in den höheren Ständen war die Kinder- und Ehelosigkeit weit verbreitet. Die Gesetze richteten sich vorrangig an die vermögenden Schichten (Senatoren und Ritter), da die Bevorzugung bei der Zulassung zu Ämtern und in Bezug auf Legate und Erbschaften nur die begüterten, politisch ambitionierten Personen der Oberschicht betraf. Für die Qualifikation zu Ämtern waren nun nicht mehr militärische und politische Leistungen ausschlaggebend, sondern der Familienstand und die Zahl der legitimen Kinder.

Wie einige Autoren schlussfolgern, wollte Augustus mit seinen Ehegesetzen den Fortbestand der aristokratischen Familien sichern und das Vermögen der oberen Schicht stabilisieren.[108] Ehebruch ließ Augustus bestrafen, weil dies eine Gefährdung der ökonomischen

---

103 Vgl. Balsdon, Frau in der römischen Antike, S. 207; vgl. Tac. ann. 15,9; vgl. Cass. Dio 54,16,7; vgl. Suet. Tib. 35, 2.

104 Vgl. Csillag, Eherecht, S. 133.

105 Mette-Dittmann, Ehegesetze, S. 21.

106 Vgl. ebd., S. 19. Zu den demografischen Gegebenheiten der späten Römischen Republik siehe Nörr, Planung, S. 310.

107 Vgl. Krüger, Ehegesetzgebung, S. 14, Anm. 51.

108 Der Senat hatte durch den Principat zahlreiche Befugnisse eingebüßt und ein Großteil des politischen Einflusses verloren, sodass Augustus das Ansehen und die *dignitas* der Senatoren mittels Schutz des Vermögens aufwerten wollte, vgl. Krüger, Ehegesetzgebung, S. 31. Auch Mette-Dittmann, Ehegesetze, S. 88 und S. 175 vertritt die Theorie der ökonomischen Konsolidierung der Oberschicht durch die Ehegesetze des Augustus. Vgl. auch Nörr, Planung, S. 311.

Konsolidierung der Familien darstellte, da eine uneheliche Kinderzeugung eine mögliche Zerstreuung des Vermögens der Oberschicht bedeutete.[109] Dettenhofer ist dagegen der Ansicht, dass Augustus zur Stabilisierung seiner eigenen Herrschaft die Macht der Oberschicht mindern wollte. Denn durch eine Erhöhung der Kinderzahl verringere sich das Erbe des einzelnen Kindes, wodurch Augustus „große Vermögen und Klientelverbände" zerschlagen konnte, die ihm als mögliche Konkurrenten gefährlich werden konnten.[110] Auch die Einschränkung des Bezugs von Legaten für kinder- und ehelose Personen verhinderte, dass Bindungen - *amicitia*-Verhältnisse oder Klientel-Beziehungen - aufgebaut werden konnten.[111] Ein positiver Nebeneffekt der erbrechtlichen Sanktionen war die finanzielle Stärkung des öffentlichen Fiskus.

Meines Erachtens wollte Augustus mit seinen Gesetzen den Fortbestand von Ehe und Familie fördern, aber gleichzeitig potentielle Konkurrenten und *amicitia*e verhindern, durch die *adulterium*-Prozesse die Oberschicht der Öffentlichkeit sichtbar machen, das militärische Potential erhöhen und die Staatskasse durch Erbeinschränkung bereichern. Doch die Ehegesetzgebung konnte faktisch keinen Erfolg verzeichnen, denn weder stieg die Zahl der Eheschließungen, noch die Zahl der Kinder.[112] Zudem ist „der soziale Unfriede verschärft, das Denunziantenwesen gefördert, allgemeiner Schrecken verbreitet worden", wie Nörr aufgrund der Darstellungen des Tacitus erörtert.[113]

Der Eingriff in die *patria potestas*, in die Testierfreiheit und das Ehe- und Sexualleben „put him [Augustus, Anm. d. Verf.] in the role of a *pater* over all families, as the ultimative source of moral authority and its enforcer within the household."[114] Wie im Folgenden zu zeigen sein wird, nahm Augustus auch in Bezug auf seine eigene Familie diese Rolle als „Super-*pater*"[115] ein.

---

109 Vgl. Mette-Dittmann, Ehegesetze, S. 88.

110 Vgl. ebd., S. 179; vgl. Dettenhofer, Herrschaft und Widerstand, S. 137.

111 Vgl. Dettenhofer, Herrschaft und Widerstand, S. 138.

112 Tac. ann. 3,25,1 schreibt: *Nec ideo coniugia et educationes liberum frequentabantur praevalida orbitate* („Doch wurden deswegen nicht mehr Ehen geschlossen und mehr Kinder aufgezogen, da der Hang zur Kinderlosigkeit stärker war"); vgl. Csillag, Eherecht, S. 126.

113 Nörr, Planung, S. 309. Zum Denunziantenwesen vgl. Tac. ann. 3,25; 3,28.

114 Severy, Augustus and the family, S. 56.

115 Dettenhofer, Herrschaft und Widerstand, S. 140.

IV Die Ehepolitik des Octavian/Augustus

1 Die Ehen des Octavian

Octavian/Augustus (63 v. Chr. - 14 n. Chr.) war insgesamt dreimal verheiratet. Alle drei Ehen wurden während der Zeit der Bürgerkriege geschlossen, was einen politisch motivierten Hintergrund vermuten lässt.

Seine erste Ehe ging der 20-jährige Octavian im Jahr 43 v. Chr. mit Clodia, der blutjungen Stieftochter des Marcus Antonius, ein.[116] Clodia entstammte der ersten Ehe der Fulvia mit Publius Clodius Pulcher, Volkstribun des Jahres 58 v. Chr. Die Heirat zwischen Octavian und Clodia war rein politisch motiviert, sollte sie doch die Versöhnung zwischen Octavian und Antonius im Triumvirat vom November des Jahres 43 v. Chr. unterstreichen. Die Soldaten beider Parteien forderten eine familiäre Bindung in Form einer Eheschließung.[117] Außerdem war Octavian zu diesem Zeitpunkt - ebenfalls zur Stärkung eines politischen Bündnisses - bereits mit Servilia, der Tochter des Caesarianers Publius Servilius Isauricus, verlobt.[118] Da sich jene Gruppierung um Servilius Isauricus gegen Antonius gerichtet hatte, musste die Verlobung, vor allem auf Drängen des Heeres, gelöst werden.[119] Um die Versöhnung und politische Eintracht zwischen Octavian und Antonius hervorzuheben, wurde hier bewusst als Mittel die Verschwägerung gewählt.

Bereits drei Jahre später heiratete Octavian zum zweiten Mal. Aufgrund von Streitigkeiten mit Clodias Mutter Fulvia im Perusinischen Krieg (vgl. Anm. 140) hatte Octavian seine junge Gattin zu ihrer Mutter zurückgeschickt, wobei er bewusst anführte, dass Clodia nach wie vor Jungfrau sei.[120] Hiernach ehelichte Octavian 41/40

---

116 Suet Aug. 62,1: *Duxit uxorem vixdum nubilem.* Velleius (2,65,2) spricht von einer Verlobung zwischen Octavian und Clodia (*desponsata*) wie auch Fantham, Julia Augusti, S. 21: „Claudia had not reached puberty and was a virgin when the betrothal was broken off."

117 Vgl. Suet. Aug. 62,1; vgl. Plut. Ant. 20,1. Cassius Dio (46,56,3) erwähnt, dass diese Eheschließung zwischen Octavian und Clodia eventuell auf Betreiben des Antonius zustande kam.

118 Vgl. Suet. Aug. 62,1; Cass. Dio 46,56,3: *τῷ καίσαρι καίτοι ἑτέραν ἠγγυημένῳ προξένησαν.*

119 Vgl. Bringmann, Augustus, S. 261, Anm. 125.

120 Cass. Dio 48,5,3: *ὁ γὰρ Καῖσαρ τὴν χαλεπότητα τῆς πενϑερᾶς μὴ φέρων, ἐκείνῃ γὰρ μᾶλλον ἢ τῷ Ἀντωνίῳ διαφέρεσφαι δοκεῖν ἐβούλετὸ τὴν φυγατέρα ἀυτῆς ὡς και παρθένον ἔτι οὖσαν ὃ και ὅρκῳ ἐπιστώσατό*

v. Chr. Scribonia, da ihr Bruder (oder Vater)[121] Lucius Scribonius Libo Schwiegervater und enger Vertrauter des Sextus Pompeius war. Octavian wollte durch die Ehe seine Beziehungen zu den Pompeianern verbessern, da Antonius seinerseits bereits eine Annäherung mit Sextus Pompeius erreicht hatte.[122] Octavian wollte mit Antonius gleich ziehen, da trotz der Verbindung zwischen ihm und Antonius im Triumvirat beide einen Kampf um die alleinige Herrschaft im Reich führten. Die Ehe zwischen Octavian und Scribonia wurde von Maecenas, einem engen Vertrauten und Freund des Octavian, und Libo ausgehandelt. Scribonia selbst war bereits zweimal verheiratet gewesen, in erster Ehe mit dem Konsul des Jahres 56 v. Chr., Cornelius Lentulus Marcellinus, in zweiter Ehe mit dem Suffektkonsul des Jahres 35 v. Chr., Cornelius Scipio.[123]

Zudem verlobte Octavian seinen dreijährigen Neffen Marcellus, den Sohn seiner Schwester Octavia und ihrem Mann Claudius Marcellus, im Jahre 39 v. Chr. im Zuge des Bündnisses von Misenum zwischen Sextus Pompeius und den Triumvirn mit einer Tochter des Sextus (vgl. S. 63).[124] Diese familiären Bindungen konnten jedoch keine Annäherung zwischen Octavian und Sextus Pompeius bewirken; letzterer blockierte nach wie vor die Getreideversorgung Roms von Sizilien. Scibonia schenkte Octavian eine Tochter, Iulia, die sein einziges Kind bleiben sollte. Unmittelbar nach der Geburt Ende 39 v. Chr. erhielt Scribonia nach nur einem Ehejahr den Scheidungsbrief von Octavian und wurde zu ihrer Mutter zurückgeschickt.[125] Als Begründung nannte er den „Ekel über die Verderbtheit ihres Charakters",[126] obwohl die Trennung natürlich politisch motiviert gewesen war. Wie Sueton berichtet, behauptete Antonius später, dass Octavian sich von Scribonia trennte, weil jene über den Einfluss einer Geliebten offen gesprochen habe.[127] Die eigentlichen

---

ἀπεπέμψατο. Auch Sueton (Aug. 62,1) schreibt, dass Octavian seine Gattin Claudia „unberührt" (*virginem*) entließ.

121 Es ist nicht sicher, ob Libo der Bruder oder Vater von Scribonia war, da man sich auch ihres Alters nicht gewiss ist, vgl. Fantham, Julia Augusti, S. 17ff.; vgl. auch Syme, Ronald: The Augustan Aristocracy, korr. Aufl., New York 1989, S. 356. Appian (civ. 5,53) und Cassius Dio (48,16,3) beschreiben Scribonia als Schwester des Libo.

122 Vgl. Cass. Dio 48,16,2.

123 Vgl. Suet. Aug. 62,2. Vgl. auch Fantham, Julia Augusti, S. 17f.

124 Vgl. Kunst, Livia, S. 57.

125 Cassius Dio (48,34,3) schreibt, dass die Scheidung am Tag ihrer Niederkunft erfolgt sei.

126 Suet. Aug. 62,2: Pertaesus morum perversitatem eius.

127 Suet. Aug. 69,1: Dimissam Scriboniam, quia liberius doluissit nimiam

Motive für die Scheidung lagen zum einen in dem fortbestehenden Konflikt mit Sextus Pompeius und zum anderen in einer erneuten Versöhnung mit Antonius begründet, die jene Ehe überflüssig machte.[128]

Seine dritte und letzte Ehe, die bis zu seinem Tod währte, ging Octavian mit Livia Drusilla (58 v. Chr. - 29 n. Chr.) ein. Livia war die Tochter des Marcus Livius Drusus Claudianus, der von der patrizischen Familie der Claudier abstammte und später von einem Mitglied der plebejischen Familie der Livier adoptiert wurde.[129] Im Jahr 43 v. Chr. wurde Livia mit ihrem Cousin Tiberius Claudius Nero verheiratet[130] und gebar ihm im folgenden Jahr einen Sohn, den späteren Kaiser Tiberius. Als sie das zweite Mal von ihm schwanger war, lernte sie Octavian auf der Feier seines 24. Geburtstags und seiner ersten Bartschur kennen, wo jener sofort von einer heftigen Leidenschaft zu ihr ergriffen worden sein soll.[131] Doch wenn man Livias Abstammung beachtet, stellte diese Verbindung vor allem eine günstige politische Konstellation für Octavian dar. Jener hoffte, sich durch die Eheschließung der alten Aristokratie anzunähern, da Livia sowohl von Geburt als auch durch ihre erste Ehe Claudierin war und ihr Vater, ein gebürtiger Claudier und adoptierter Livier, Kontakte zu führenden Familien der Senatsaristokratie und zu zahlreichen wichtigen italischen Familien besaß.[132] Livia kam die Aufgabe zu, als Vermittlerin zwischen dem Triumvir und der *gens* der Claudier aufzutreten. Diese Beziehungen waren wichtig für Octavian, da sich sein Verhältnis zu Antonius, der eine große Popularität bei den Soldaten und vielen Senatoren besaß und

---

potentiam paelicis.

128 Vgl. Bringmann, Augustus, S. 78f.

129 Vgl. Temporini, Hildegard - Gräfin Vitzthum: Die iulisch-claudische Familie: Frauen neben Augustus und Tiberius, in: Dies. (Hg.), Die Kaiserinnen Roms. Von Livia bis Theodora, München 2002, S. 21-102, S. 22.

130 Vgl. Dierichs, Angelika: Das Idealbild der römischen Kaiserin: Livia Augusta, in: Beate Wagner-Hasel/Thomas Späth (Hg.): Frauenwelten in der Antike. Geschlechterordnung und weibliche Lebenspraxis, Stuttgart 2000, S. 241-262, S. 242. Diese Ehe wurde durch die Väter arrangiert. Während der Bürgerkriegsjahre half eine solche Eheschließung, eine Allianz zwischen zwei Familien im Kampf gegen die Triumvirn zu festigen, vgl. Fraschetti, Augusto: Livia the Politician, in: Ders. (Hg.), Roman women, übers. von Linda Lappin, Chicago/London 2001, S. 110-117, S. 101.

131 Vgl. Kienast, Dietmar: Augustus. Prinzeps und Monarch, 3., durchges. und erw. Aufl., Darmstadt 1999, S. 50; vgl. Tac. ann. 5,1,1; vgl. Suet. Aug. 62,2; vgl. Cass. Dio 48,34,3.

132 Vgl. Temporini, iulisch-claudische Familie, S. 32.

zudem von edlerer Abstammung war,[133] jederzeit wieder verschlechtern konnte.

Octavian selbst kam aus der kleinen Stadt Velitrae bei Rom. Sein Vater, ein Bankierssohn, konnte zwar als *homo novus* in den Senat aufsteigen, doch aufgrund des frühen Todes nicht das Konsulat erreichen.[134] Seine Mutter Attia stammte vom Geschlecht der Iulier ab.[135] Somit konnte Octavian väterlicherseits keinen bedeutenden Stammbaum vorweisen und auch die Familie der Iulier hatte in der Vergangenheit keine wirklichen Leistungen für Rom erbracht, was ganz im Gegensatz zu den Liviern stand, die seit Beginn der Republik die römischen Geschicke entscheidend mitbestimmten.[136] So stammte Livias Vater von dem berühmten Zensor der Römischen Republik, Ulpius Claudianus, ab, dessen Großvater, Ur- und Ur-Ur-Großvater Konsuln gewesen waren; die Adoption in die Familie der *Livii Drusi*, aus der ebenfalls Konsuln, Zensoren und Triumphatoren hervorgingen, verstärkte die edle Herkunft von Livias Vater zusätzlich:[137] „So vereinigte sich in Livia die Quintessenz des römischen Hochadels."[138]

---

133 Vgl. Ferrero, Frauen der Cäsaren, S. 40; vgl. Temporini, iulisch-claudische Familie, S. 32.

134 Velleius (2,59,2) betont, dass Octavians Vater zwar nicht aus einem Patriziergeschlecht, aber aus einer angesehenen Ritterfamilie abstammte und nach seiner Prätur als Imperator die Provinz Makedonien inne hatte. Bei seiner Rückkehr wollte er sich um das Konsulat bewerben, was durch seinen Tod verhindert wurde, Nikolaos von Damaskus (2,3) berichtet, dass Octavians Vater ein Mann senatorischen Standes war.

135 Attias Vater war Marcus Attius Balbus, ihre Mutter Iulia war die Schwester von Gaius Lucius Caesar, vgl. Suet. Aug. 4,1.

136 Vgl. Temporini, iulisch-claudische Familie, S. 32. Caesars Familie gehörte dem uralten Geburtsadel der Patrizier an, hatte aber im Laufe der Zeit an Bedeutung verloren, vgl. Bringmann, Augustus, S. 18. Caesar hatte sich daher per Gesetz wieder zum Patrizier machen lassen, vgl. Suet. Aug. 2,1 und vgl. Nik. Dam. 15,35.

137 Vgl. Ferrero, Frauen der Cäsaren, S. 37f.

138 Ferrero, ebd., S. 38. Aufgrund des politischen Vorteils, welcher sich aus der Verbindung für Octavian ergab, ist meines Erachtens anzuzweifeln, ob diese Verbindung wirklich aus Liebe geschlossen wurde, wie es viele antike Autoren darlegen, so zum Beispiel Tacitus (ann. 5,1,1) und Sueton (Aug. 62,2). Franschetti, Livia, S. 105, legt dar, dass diese Verbindung durch Liebe zustande kam und von Liebe gekennzeichnet sein musste, da Augustus sich nicht von Livia scheiden ließ, obwohl sie ihm keinen Nachfolger geboren hatte. Eck, Werner: Augustus und seine Zeit (=Beck'sche Reihe; 2084), 4., überarb. Aufl., München 2006, S. 25, sieht ebenfalls eine Liebesbeziehung als „entscheidende Triebfeder"; der gleichen Ansicht ist Bringmann, Augustus, S. 81.

Livias Ehemann, Claudius Nero, soll der Vermählung mit Octavian sogar zugestimmt haben, um seine Versöhnung mit Octavian zu unterstreichen.[139] Denn jener war einst ein Sympathisant der Caesarmörder gewesen und schlug sich dann auf die Seite des Antonius.[140] Die Vermählung zwischen Livia und Octavian brachte also sowohl einen Vorteil für Claudius Nero, der an der Hochzeitsfeier als Brautzeuge teilnahm, als auch für Octavian. Damit erklärt sich zudem die enorme Eile der Hochzeit, die noch vor der Geburt von Livias zweitem Sohn Drusus am 17. Januar 38 v. Chr. stattfand.[141] Octavian hatte dazu das Priesterkollegium (*pontifices*) als höchste Autorität in religiösen Angelegenheiten befragt, ob eine geschiedene schwangere Frau vor ihrer Niederkunft eine neue Ehe eingehen dürfte. Dies wurde mit der Begründung gestattet, dass eine Ehe möglich sei, wenn die Schwangerschaft eindeutig feststehe.[142] Dennoch galt die Heirat als skandalös, hatte Octavian doch eine hochschwangere Frau dem Ehemann entrissen, um sie sogleich selbst zu

---

139 Vgl. Kunst, Livia, S. 48f. Velleius (2,79) schreibt: *Caesar, cum prius despondente ei Nerone, cui ante nupta fuerat Livia.* Ferrero, Frauen der Cäsaren, S. 41, behauptet sogar, dass Tiberius Claudius Nero den Plan der Heirat entwarf.

140 So unterstützte Claudius Nero als Prätor Ende 42 v. Chr. Antonius' Frau Fulvia und dessen Bruder Lucius Antonius dabei, die Veteranen des Antonius gegen Octavian aufzuwiegeln, da es Probleme bei der Veteranenversorgung gab. Nachdem dieser Aufstand von Octavians Truppen niedergeschlagen werden konnte, versuchte Claudius Nero in Campanien einen Sklavenaufstand zu mobilisieren, erneut erfolglos. Nach der Niederlage im Perusinischen Krieg wurde Tiberius Claudius Nero auf die Proskriptionslisten gesetzt, weshalb er mit seiner Frau und seinem Sohn nach Sizilien zu Sextus Pompeius und anschließend nach Griechenland zu Antonius floh. Durch die Versöhnung zwischen den Triumvirn Antonius und Octavian konnte Claudius Nero mit seiner Familie nach Rom zurückkehren, vgl. Kunst, Livia, S. 40f.; siehe auch Bringmann, Augustus, S. 71ff. Der Perusinische Krieg wird umfangreich bei Appian (civ. 5,30-49) sowie bei Cassius Dio (48,1-15) geschildert.

141 Vgl. Cass. Dio 48,44,1-3. Kunst, Livia, S. 336ff., ist der Auffassung, dass die Ehe bereits im Oktober 39 v. Chr. geschlossen wurde. Denn laut verschiedener Quellen wurde Drusus drei Monate nach Eheschließung geboren. Das Geburtsdatum wird bei Sueton (Claud. 2,3) auf den 14. Januar, mit Hinweis auf den Geburtstag des Antonius, datiert. Demnach ist der 17. Januar 38 v. Chr. nur das offiziell gewählte Hochzeitsdatum.

142 Vgl. Cass. Dio 48,44,2; vgl. Ferrero, Frauen der Cäsaren, S. 34f. Beachtet man den Umstand, dass sowohl Tiberius Claudius Nero als auch Octavian Mitglieder dieses Kollegiums waren, erscheint diese Antwort natürlich in einem anderen Licht, vgl. Temporini, iulisch-claudische Familie, S. 32.

heiraten.[143] In der Bevölkerung Roms redete man viel über diese plötzliche Verbindung und scherzte: „Die Glückspilze bekommen Kinder in drei Monaten."[144]

Mit Livia war Augustus bis zu seinem Tod im Jahre 14 n. Chr. verheiratet. Beide hatten keine gemeinsamen Kinder, waren aber durch die Ehe zwischen ihren Enkelkindern Agrippina maior und Germanicus (vgl. S. 81ff.) verwandtschaftlich miteinander verbunden.[145] Octavian hoffte anfangs sicherlich auf gemeinsame Kinder beziehungsweise einen eigenen Sohn von Livia, denn beide waren noch nicht einmal 30 Jahre alt.[146] Augustus hatte also nur ein leibliches Kind, Iulia, und Livia ihrerseits zwei Söhne, Tiberius und Drusus. Beide würden damit unter die Sanktionen der Ehegesetze fallen, weshalb Augustus sowohl sich selbst als auch Livia das *ius trium liberorum* verliehen hatte.[147] Augustus hätte seine Ehefrau sonst aufgrund der Gesetze verstoßen müssen, um eine neue Ehe einzugehen. Hier wird der eklatante Widerspruch zwischen den öffentlich verkündeten moralischen Standards der Ehegesetze und dem tatsächlichen privaten Verhalten des Princeps deutlich.

---

143 Tacitus (ann. 1,10,5) bemerkt dazu zynisch: „Weggenommen habe er dem Nero die Gattin und die Priesterschaft zum Spott befragt, ob sie nach einer Empfängnis, aber noch vor der Niederkunft rechtmäßig heiraten könne" (*abducta Neroni uxor et consulti per ludibrium pontifices, an concepto necdum edito partu rite nuberet*).

144 τοῖς εὐτυχοῦσι τρίμηνα παιδία γεννᾶσθαι ἔλεγεν (Cass. Dio 48,44,5); auch bei Suet. Claud. 1,1.

145 Tac. ann. 5,1,2: [Livia, Anm. d. Verf.] *sanguini Augusti per coniunctionem Agrippinae et Germanici adnexa communes pronepotes habuit.*

146 Livia war zum Zeitpunkt der Hochzeit gerade 20 Jahre und Octavian 25 Jahre alt. Wie Sueton (Aug. 63,1) berichtet, war Livia wohl einmal schwanger gewesen, hat das Kind jedoch durch eine Frühgeburt verloren.

147 Vgl. Nörr, Planung, S. 319. Augustus verlieh dieses Recht seiner Gattin Livia 9/8 v. Chr. nach dem Verlust ihres jüngeren Sohnes Drusus, vgl. Cass. Dio 55,2,5; vgl. Dierichs, Livia Augusta, S. 243. Für ein Datum bereits zu Beginn des Jahres 9 v. Chr. im Zusammenhang mit der Einweihung des *ara pacis* plädiert Kunst, Livia, S. 155. Sandels, Friedrich: Die Stellung der kaiserlichen Frauen aus dem julisch-claudischen Hause (=Phil. Diss., Giessen 1912), Darmstadt 1912, S. 67, Anm. 3, bemerkt dazu, dass Livia dem Schein nach zu Recht diese Ehrung erhielt, da sie zwei Söhne, Tiberius und Drusus, hatte und zudem ein, wenn auch totgeborenes, Kind von Octavian bekommen hatte. Ferrero, Frauen der Cäsaren, S. 55, indes vermutet, dass Augustus die zwei Söhne der Iulia und des Agrippa, also seine Enkel Gaius und Lucius, adoptierte (vgl. S. 74), um das *ius trium liberorum* zu erfüllen.

Auch wenn er die eheliche Eintracht zwischen ihm und Livia öffentlich propagierte und diese durch seine Ehegesetzgebung auch von der römischen Bevölkerung forderte, soll Augustus stets Konkubinen verschiedener gesellschaftlicher Stellung unterhalten haben und darüber hinaus intime Beziehungen zu verheirateten Frauen gepflegt haben.[148] Der antike Historiker Sueton legt Antonius diesbezüglich folgende Worte in den Mund:

> „Und Du, beschläfst Du denn bloß Drusilla? [...] Wenn Du diesen Brief liest, hast du sicher Tertulla oder Terentilla oder Rufilla oder Salvia Titisenia oder sie alle beschlafen. Oder macht es einen Unterschied, wo und bei welcher Du Deine Lust bekommst?"[149]

Wie Sueton ausführt, hatten diese Liebschaften für Augustus einen rein politischen Zweck, nämlich durch jene Frauen mögliche Pläne seiner Feinde zu erfahren.[150] Jedenfalls hat Livia die Liebschaften ihres Ehemannes stets geduldet[151] und verkörperte auch sonst für die Römer das Idealbild einer römischen Matrone mit Eigenschaften wie *pudicitia* oder *pietas*. So wurde sie als Mutter des Vaterlandes (*mater patriae*) und Wohltäterin des Weltreiches (*genetrix orbis*) gesehen und verehrt.[152] Livias hohes Ansehen beim römischen Volk, verstärkt durch ihre vornehme Abstammung und die Geburt zweier Söhne, war für Octavian auf seinem Weg zur Alleinherrschaft und später als Princeps förderlich. Dies zeigen die besonderen Ehren, die Octavian ab 35 v. Chr. während seiner fortdauernden Konflikte mit Antonius seiner Gattin Livia - wie auch seiner Schwester Octavia - zuteilwerden ließ: so wurden Standbilder von ihr errichtet, sie durf-

148 So nennt Cassius Dio (54,19,3) als Beispiel die intime Beziehung des Augustus zu Terentia, der Gattin seines Freundes Maecenas. Nach der *lex Iulia de adulteriis coercendis* verstieß er damit gegen seine eigens erlassenen Gesetze, vgl. Dettenhofer, Herrschaft und Widerstand, S. 149. Bereits sein Verhältnis mit Livia vor der Eheschließung war Ehebruch, vgl. Bringmann, Augustus, S. 166.

149 Suet. Aug. 69,2. Dies hat Antonius angeblich dem Octavian auf einen Brief geantwortet, in dem jener seine Beziehung zu Kleopatra anprangerte.

150 Vgl. Suet. Aug. 69,1.

151 Suet Aug. 71,1: „In sexuelle Begierden blieb er verstrickt, da er, wie man sagt, auch später noch besonders gern junge Mädchen entjungferte, die ihm von überallher zusammengesucht wurden, sogar von seiner Frau." Siehe auch Cass. Dio 58,2,4.

152 Vgl. Temporini, iulisch-claudische Familie, S. 64.

te ihre finanziellen Angelegenheiten ohne Vormund regeln und erhielt die *sacrosanctitas*, also die Unverletzlichkeit eines Volkstribuns, verliehen.[153] Diese Ehrungen des Octavian für seine Ehefrau und seine Schwester stellten eine besondere Auszeichnung dar, weil Octavian beide Frauen in die ihm zustehenden Ehrungen mit einbezog und so bereits dynastische Ansprüche erkennen ließ.[154]

Livia starb erst während der Regierung ihres Sohnes Tiberius. Sie wurde im Jahr 14 n. Chr. testamentarisch von Augustus adoptiert, erhielt den Ehrennamen „Augusta" und wurde somit ein Mitglied der iulischen Familie.[155] Dies sollte eine letzte Ehrung des Augustus für seine Gattin darstellen.

* * * *

Octavian wählte seine Ehefrauen nach der gegenwärtigen politischen Lage aus, denn zur Zeit der Bürgerkriege dienten exogame Ehen zur Bestätigung von Allianzen und waren folglich, wenn das Bündnis in die Brüche ging, oftmals nur von begrenzter Dauer. Mit Clodia und Scribonia war Octavian jeweils nur etwas mehr als ein Jahr verheiratet gewesen. Livia war seine dritte und letzte Ehefrau, da mit dem Tod seines letzten Gegners Antonius im Jahr 35 v. Chr. die Bürgerkriegsjahre beendet waren. Trotz Kinderlosigkeit blieb Augustus mit Livia bis zu seinem Tod im Jahr 14 n. Chr. verheiratet, was als Zeichen ehelicher Eintracht (*concordia*) gedeutet werden kann. Doch gab vor allem die politische Zweckmäßigkeit den Ausschlag für diese Eheschließung. Während es zur Zeit der Bürgerkriege für Octavian wichtig war, Ehen nach politischer Lage und aktuellem Bündnispartner zu schließen und wieder zu trennen,

---

153 Vgl. Cass. Dio 49,38,1. Die Verleihung der *sacrosanctitas* stellte eine nie da gewesene Ehre für eine Frau dar, vgl. Fantham, Julia Augusti, S. 26. Es folgten keine weiteren Ehrungen in jener Form zu späterer Zeit, da Octavian die besondere Ehrung seiner Frau und Schwester nur zum Zeitpunkt des Triumvirats benötigte, vgl. Sandels, Stellung der kaiserlichen Frauen, S. 13.

154 Vgl. Kunst, Livia, S. 78. Dynastische Ansprüche waren typisches Merkmal hellenistischer Herrscherhäuser und waren bisher in Rom unbekannt. Dettenhofer, Herrschaft und Widerstand, S. 42, vertritt die Ansicht, dass nicht erkennbar ist, ob es sich um eine gezielt dynastisch-monarchische Ambition handelte oder um eine ad hoc-Lösung. Wie die Autorin erläutert, mangelte es Octavian zu dem Zeitpunkt an männlichen Mitgliedern innerhalb seiner *domus* im entsprechenden Alter für solche Ehrenzuweisungen, sodass er auf Frauen zurückgreifen musste.

155 Vgl. Tac. ann. 1,8,1.

hatte Augustus als Princeps eine Vorbildfunktion auch im Bereich der Ehe zu erfüllen, nämlich eheliche Kontinuität und Stabilität zu präsentieren. Es liegt daher die Vermutung nahe, dass Octavian bei Veränderung der politischen Lage sich sofort von Livia hätte scheiden lassen zugunsten einer neuen, den politischen Umständen angepassten Ehe.

2 Octavia - die ältere Schwester

Wie deutlich geworden ist, hatte Octavian/Augustus seine eigenen Ehen nach rein politischen Gesichtspunkten vollzogen, das heißt seine Ehepartnerinnen wurden nach persönlichem Nutzen im Kampf um die Alleinherrschaft ausgewählt. Doch auch seine Familienmitglieder versuchte er, nutzbringend zu verheiraten. So wurde seine Schwester Octavia (69 - 11 v. Chr.) im Jahre 40 v. Chr. mit Antonius vermählt, um das Abkommen in Brundisium zwischen Antonius und Octavian zu bekräftigen.[156] Diese Heirat war somit rein politisch motiviert und man kann davon ausgehen, dass Octavia selbst nicht um ihre Zustimmung gefragt worden ist. Für die Eheschließung musste vorab ein Senatsbeschluss erwirkt werden, durch den Octavia von der gesetzlich festgeschriebenen zehnmonatigen Wiederverheiratungssperre aufgrund des Todes ihres ersten Mannes Gaius Claudius Marcellus entbunden wurde.[157] Octavia war seit 52 v. Chr. mit Marcellus[158], einem Mitglied des plebejischen Zweiges der Claudier, verheiratet und hatte mit ihm zwei Töchter (Marcella maior und Marcella minor) sowie einen Sohn (Claudius Marcellus). Bezeichnend hierbei ist wieder die enorme Eile der Vermählung, die als Beleg für die politische Bedeutung der Heirat von Antonius und Octavia dient. Für das Volk und vor allem für die Soldaten wurde diese familiäre Bindung zwischen beiden Triumvirn begrüßt, da Octavia nunmehr als Bindeglied zwischen Octavian und Antonius galt.

Die Wahl des Ehepartners war auch für Octavia vorteilhaft, da Antonius aus einem alten Patriziergeschlecht abstammte und ein bewährter Feldherr war. Jener war wie Octavia seit kurzem verwit-

156 Vgl. Plut. Ant. 31; vgl. App. civ. 5,64. Wie Cassius Dio (48,31,3) darlegt, wurde diese Ehe von den Bürgern gefordert.

157 Vgl. Plut. Ant. 31,3.

158 Eine kurze Beschreibung des Marcellus ist bei Nikolaos von Damaskus (13,28) zu finden.

wet, da seine Ehefrau Fulvia verstorben war.[159] Octavia als dritte Gattin des Antonius galt im Gegensatz zu der „Furie" Fulvia als ehrbare Matrone,[160] was für Antonius und seine Popularität von Nutzen war. Im Zuge der eigenen Selbstdarstellung ließ er seine Ehefrau nach hellenistischem Vorbild auf Münzen abbilden. Anlässlich der Eheschließung wurden Goldmünzen geprägt, die auf dem Obvers die Büste des Antonius, auf dem Revers das Porträt der Octavia zeigen.[161] Auf den sogenannten Flottenprägungen des Antonius, im Zuge des Vertrags von Tarent, wurde Octavia sogar auf der Vorderseite zusammen mit Antonius dargestellt.[162] Mit diesen Münzprägungen sollte einerseits die politische Eintracht der Triumvirn verdeutlicht werden, andererseits Antonius und Octavia als hellenistisches Herrscherpaar herausgestellt werden.[163] Bereits im Jahr 39 v. Chr. wurde eine gemeinsame Tochter, Antonia maior, geboren. Damit lebten im Haus von Octavia und Antonius insgesamt sieben Kinder: drei Kinder aus Octavias erster Ehe mit Marcellus, drei Kinder des Antonius aus seinen früheren Ehen und die gemeinsame Tochter Antonia,[164] die Antonius im Alter von zwei Jahren mit Lucius Domitius Ahenobarbus, dem Sohn seines treuen Anhängers Gnaius Domitius Ahenobarbus, verlobte (vgl. S. 70).[165] Wie Octavian versuchte auch Antonius, familiäre Bindungen für politische Zwecke zu knüpfen.

---

159 In erster Ehe war Antonius mit seiner Cousine Antonia verheiratet, vgl. Plut. Ant. 9,2f. Hier wird die Bedeutung von endogamen Ehen zur familiären Festigung deutlich.

160 Vgl. Temporini, iulisch-claudische Familie, S. 30.

161 Vgl. ebd., S. 35. RPC Ephesos 2201 und 2202. Eingehend zu den Prägungen vgl. Burnett, Andrew/Amandry, Michel/Ripollès, Pere Paul: Roman Provincial Coinage, Vol. 1: From the death of Caesar to the death of Vitellius: 44 BC-AD 69, Part 2: Indexes and plates, Neuaufl. der Ausg. von 1992, London 2006 (vgl. S. 107, Abb. I).

162 Antonius und Octavia auf dem Obvers einander gegenüber: RPC Achaea 1453-1455,1459-1460,1462-1464,1468-1469 und RPC Syria 4088-4090; als Staffelporträt: RPC Achaea 1456,1461,1465,1470 und RPC Syria 4091. Auf den Münzen RPC 1454,1463 und 1489 Staffelporträt des Antonius mit Octavian, gegenüber die Büste der Octavia; auf der Rückseite sieht man Antonius und Octavia wie Poseidon und Amphitrite als glückliches Paar über das Meer ziehen, vgl. Zanker, Paul: Augustus und die Macht der Bilder, 2., durchges. Aufl., Sonderausg., München 1990, S. 69; vgl. S. 107, Abb. II)

163 Vgl. Kunst, Livia, S. 75.

164 Vgl. Temporini, iulisch-claudische Familie, S. 35.

165 Vgl. ebd.; vgl. Syme, Revolution, S. 393.

Octavia, die das Bündnis der zwei Triumvirn Antonius und Octavian zusammenhalten sollte, trat im Frühjahr 37 v. Chr. als Vermittlerin zwischen beiden Machthabern für das in Tarent erneuerte Bündnis auf.[166] Anschließend reiste Antonius mit seiner Familie nach Griechenland, schickte jedoch kurze Zeit später die schwangere Octavia mit ihren Kindern nach Rom zurück, da er sein Augenmerk auf Kleopatra VII. von Ägypten richtete. Beide trafen erstmals nach der Schlacht bei Philippi im Jahr 42 v. Chr. zusammen und gingen kurze Zeit später eine Affäre miteinander ein; wie Appian schreibt, habe sich Antonius bei dem ersten Treffen sogleich in sie verliebt.[167] Doch bestimmten neben der persönlichen Komponente auch politische Gründe die Kooperation zwischen beiden.[168] Das erneute Aufeinandertreffen im Winter 37/36 v. Chr. ließ die Affäre wieder aufleben. Insgesamt drei Kinder soll Kleopatra dem Antonius geboren haben: im Jahr 40 v. Chr. das Zwillingspaar Alexander Helios und Kleopatra Selene sowie im Jahr 36 v. Chr. einen Sohn, Ptolemaios Philadelphos.[169] Einige Monate zuvor hatte Octavia das letzte gemeinsame Kind, Antonia minor, zur Welt gebracht, welches seinen Vater nie kennen lernen sollte.[170]

Nachdem Octavian Sextus Pompeius in der Seeschlacht von Naulochos im Jahr 36 v. Chr. ausgeschalten hatte und anschließend Lepidus entmachten konnte, vermochte er nun offen gegen Antonius vorzugehen. Dabei kam ihm dessen untreues Verhalten gegenüber Octavia sehr gelegen, denn Kleopatra galt in Rom als herrschsüchtige und skrupellose Herrscherin, mit der bereits zehn Jahre zuvor Caesar eine Liaison eingegangen war. Octavian ließ daher seiner Schwester Octavia im Jahr 35 v. Chr. die gleichen Ehren wie seiner Frau Livia zuteilwerden. Es wurden Standbilder von ihr errichtet, sie durfte ihre finanziellen Angelegenheiten ohne Vormund regeln und genoss die Unverletzlichkeit (*sacrosanctitas*) eines Volkstribuns.[171] Mit diesen Ehrungen wollte Octavian seine Schwester gegen die Demütigungen des Antonius stärken und gleichzeitig seine eigene Persönlichkeit in ein positives Licht rücken, indem er

---

166 Vgl. Cass. Dio 48,54,3.

167 Vgl. App. civ. 5,1; 5,8.

168 Antonius benötigte für seinen geplanten Partherkrieg militärische Unterstützung. Kleopatra erhoffte sich von der Verbindung mit Antonius die Unabhängigkeit Ägyptens zu sichern, vgl. Temporini, iulisch-claudische Familie, S. 36f.

169 Vgl. Syme, Revolution, S. 271. Sie wurden von Antonius anerkannt, vgl. Cass. Dio 49,32,4.

170 Vgl. Temporini, iulisch-claudische Familie, S. 36.

171 Vgl. Anm. 153.

Antonius moralisch diffamierte. Denn nachdem Antonius im Jahr 36 v. Chr. im Osten des Reiches gegen die Parther eine verheerende Niederlage erlitten hatte, sendete Octavia ihm neue Truppenverbände. Antonius jedoch schickte seine Gattin aus Athen, ohne sie empfangen zu haben, nach Rom zurück, wobei er die Geschenke und Soldaten des Octavian wahrscheinlich annahm.[172]

Der Aufforderung ihres Bruders, das Haus des Antonius zu verlassen und die Scheidung auszusprechen, kam Octavia trotz des von Octavian ausgeübten Druckes vorerst nicht nach;[173] im Gegenteil, sie hielt ungeachtet der Affäre mit Kleopatra zu ihrem Ehemann und zog derweil in seinem Haus im Rom ihre Kinder und Stiefkinder groß. Antonius schickte schließlich von Ägypten aus Octavia 32 v. Chr. den Scheidungsbrief und wies sie aus dem gemeinsamen Haus in Rom,[174] da es aufgrund der politischen und persönlichen Verbindung zu Kleopatra zum endgültigen Bruch zwischen Octavian und Antonius gekommen war. So zog Octavia mit ihren fünf eigenen Kindern und Iullus Antonius, dem Sohn des Antonius und der Fulvia, in das Haus ihres Bruders auf den Palatin. Dort lebten bereits Livias Söhne Drusus und Tiberius sowie Octavians Tochter Iulia.[175] Nach dem endgültigen Sieg des Octavian in der Schlacht von Actium 31 v. Chr. und dem nachfolgenden Doppelselbstmord des Antonius und der Kleopatra, wuchsen die drei minderjährigen Kinder Kleopatra Selene, Alexander Helios und Ptolemaios Philadelphos ebenfalls bei Octavia auf.[176]

Nach der Scheidung von Antonius blieb Octavia bis zu ihrem Tod 11 v. Chr. unverheiratet, da sie bereits über 40 Jahre alt war und

---

172 Vgl. Cass. Dio 49,33,3-4; vgl. Plut. Ant. 53; vgl. App. civ. 5,138.

173 Vgl. Fantham, Julia Augusti, S. 26; vgl. Plut. Ant. 54,1-2.

174 Vgl. Cass. Dio 50,3,2; vgl. Plut. Ant. 57; vgl. auch Dettenhofer, Herrschaft und Widerstand, S. 48.

175 Vgl. Temporini, iulisch-claudische Familie, S. 42.

176 Vgl. Severy, Beth: La Maison de Césars, in: Pierre Bonte (Hg.), Épouser au plus proche: inceste, prohibitions et stretégies matrimoniales autour de la Méditerranée (=Civilisations et sociétés, 89), Paris 1994, S. 243-292, S. 259. Kleopatra Selene wurde mit dem jungen König Juba von Mauretanien verheiratet, Alexander Helios starb 29/28 v. Chr. und von Ptolemaios Philadelphos ist nichts weiter bekannt, vgl. Fantham, Julia Augusti, S. 27. Den ältesten Sohn des Antonius aus seiner Ehe mit Fulvia, Antonius Antyllus, der in Ägypten bei seinem Vater weilte, ließ Octavian töten, ebenso wie Caesarion, der angebliche Sohn von Caesar und Kleopatra, vgl. Suet. Aug. 17,5; vgl. Plut. Ant. 81,1; vgl. Cass. Dio 51,15,5-6. Damit beseitigte Octavian den „potentiellen Rächer des Antonius und den Thronerben Ägyptens", so Bringmann, Augustus, S. 102.

fünf Kinder hatte. Römer wie Seneca empfanden diese Einstellung als widernatürlich („almost perverse"), wie Fantham erläutert.[177]

* * * *

Octavian hat seine Schwester Octavia für seine politischen Pläne instrumentalisiert, indem er sie mit seinem Verbündeten Antonius, der gleichzeitig sein stärkster Gegner war, vermählt hatte. Damit sollte das zeitweilige Bündnis zwischen den beiden Feldherrn im Kampf gegen Sextus Pompeius gefestigt werden und gleichzeitig der Öffentlichkeit ein Bild der Einheit suggeriert werden. Die Untreue des Antonius nutzte Octavian sodann gezielt im Kampf gegen selbigen. Nach der Scheidung wurde Octavia von ihrem Bruder nicht wieder verheiratet, da eine neue Ehe aufgrund der veränderten politischen Lage nicht notwendig erschien. Zudem konnte Augustus für seine heiratspolitischen Ambitionen auf ihre fünf Kinder und seine eigene Tochter zurückgreifen. Es besteht jedoch kein Zweifel, dass Octavian eine neue Ehe für seine Schwester arrangiert hätte, wenn es ihm politisch von Nutzen gewesen wäre.

3 Iulia - die einzige Tochter

Iulia (39 v. Chr. - 14 n. Chr.) wurde als einziges leibliches Kind von Octavian/Augustus als „Schachfigur auf dem Spielbrett der politischen Allianzen"[178] benutzt. Bereits mit zwei Jahren wurde Iulia, im Zuge des erneuerten Bündnisses zwischen Antonius und Octavian in Tarent, mit dem 9-jährigen Antonius Antyllus, dem Sohn des Marcus Antonius und der Fulvia, verlobt.[179] Damit sollte die politische Eintracht beider Feldherrn familiär bestätigt werden, wie es bereits die Ehe von Octavia und Antonius bezweckte. Nachdem die Allianz jedoch zerbrochen war, wurde auch die Verlobung gelöst[180]

177 Vgl. Fantham, Julia Augusti, S. 84. Spätestens mit der *lex Iulia maritandis ordinibus* wäre Octavia durch das *ius trium liberorum* von der Ehepflicht befreit gewesen.

178 Kunst, Livia, S. 95.

179 Vgl. Temporini, iulisch-claudische Familie, S. 36; vgl. Cass. Dio 48,54,3.

180 Sueton (Aug. 63,2) erwähnt, dass Antonius behauptete, diese Verlobung wurde von Octavian deshalb gelöst, damit Iulia den Getenkönig Cotiso heiraten könne, wobei Octavian gleichzeitig um die Hand einer Tochter desselben Königs angehalten hatte. Sueton vermutet weiter, dass Octavi-

und nach dem Sieg bei Actium ließ Octavian Antonius Antyllus ermorden (vgl. Anm. 176).

Augustus verheiratete Iulia im Jahr 25 v. Chr., nachdem sie bereits das ehefähige Alter erreicht hatte, mit seinem Neffen Marcellus, dem Sohn der Octavia aus ihrer ersten Ehe mit Claudius Marcellus. Mit Iulia verband Augustus alle dynastischen Hoffnungen, und Marcellus hatte als einziger männlicher Blutsverwandter des Princeps zu dem Zeitpunkt den größten Anspruch auf die Nachfolge.[181] Denn Augustus hatte bislang keinen eigenen Sohn - auch wenn seine Gattin Livia mit 30 Jahren durchaus noch im gebärfähigen Alter war[182] - und suchte deshalb in seiner eigenen Familie nach einem potentiellen Erben „to be his successor in the family if not yet in the commonwealth and as ruler of empire."[183] Diese Eheschließung zwischen Iulia und Marcellus, zwischen Cousin und Cousine, war „le début de la construction systématique d'une *domus Caesarum* endogame"[184] und wurde von Augustus bewusst gewählt, um seine Familie nach außen abzugrenzen. Marcus Agrippa, ein enger Freund und Weggefährte des Princeps, fungierte als Brautvater, da Augustus zu dieser Zeit in Spanien weilte.[185]

Nach nur zwei Ehejahren verstarb Claudius Marcellus im Jahre 23 v. Chr. überraschend, sodass Augustus sich gezwungen sah, einen neuen Ehemann für Iulia zu suchen „for the sake of the State and not for her happiness."[186] Als Ergebnis wurde die nunmehr 18-jährige Iulia im Jahr 21 v. Chr. mit dem bereits 42-jährigen Marcus Agrippa verheiratet. Jener musste sich dazu auf Geheiß des Augustus von dessen Nichte Marcella maior scheiden lassen, mit der er seit 28 v. Chr. verheiratet war und gemeinsame Kinder hatte (vgl. S. 65). Die Verbindung des Feldherrn Agrippa mit Iulia, der Tochter seines Freundes und Befehlshabers Augustus, weckt Assoziationen an die Ehe zwischen dem Feldherrn Gnaeus Pompeius und Iulia,

---

an sich davon möglicherweise Unterstützung des Königs im Kampf gegen Antonius erhoffte. Eine solche Interpretation ist jedoch eher als Propaganda des Antonius gegen Octavian zu bewerten.

181 Vgl. Heuß, Römische Geschichte, S. 85; vgl. Bringmann, Augustus, S. 139.

182 Vgl. Kunst, Livia, S. 95.

183 Fantham, Julia Augusti, S. 28.

184 Severy, La Maison, S. 261.

185 Vgl. Cass. Dio 53,27,5. Kienast, Augustus, S. 100f., schlussfolgert, dass die Ehe ohne die Anwesenheit des Augustus geschlossen wurde, da die angespannte innenpolitische Lage dazu zwang.

186 Fantham, Julia Augusti, S. 31.

der Tochter von Gaius Iulius Caesar[187] und verdeutlicht den politischen Aspekt der Heirat von Agrippa und Iulia.

Es gab Gerüchte, dass Augustus Iulia mit seinem Freund Proculeius, der sich vom politischen Leben fern hielt, verheiraten wollte, um das Risiko zu verringern, dass ihm in seinem Schwiegersohn (*son-in-law*) ein potentieller Konkurrent erwachse.[188] Aber Agrippa stellte als langjähriger politischer und militärischer Unterstützer des Octavian keine Gefahr dar. Daher war er besser als jeder andere Mann geeignet, Iulia zu ehelichen. Dieser Entscheidung lag ferner das Anliegen des Princeps zugrunde, Marcus Agrippa als langjährigen Freund und treuen Gefährten dynastisch noch stärker an die kaiserliche Familie zu binden.[189] Durch seine Ehe mit Marcella war Agrippa zwar bereits in die *domus Augusta* integriert worden, aber durch die Heirat mit der einzigen Tochter des Princeps gehörte er nunmehr zum engsten Kreis dieses Hauses, er war nunmehr ein Teil der *familia Caesaris.*[190] Maecenas, einer der frühsten und engsten Vertrauten des Octavian, habe wohl zu selbigem gesagt, dass er Agrippa derart mächtig werden ließ, dass er ihn entweder durch Gesetz zu seinem Sohn machen oder töten müsse.[191] Mit dieser Verbindung förderte Augustus zum einen seinen zweiten Mann im Staat und verhinderte zum anderen, dass Iulia einen anderen außerhalb der Familie stehenden Mann heiratete, der Augustus als Konkurrent gefährlich hätte werden können. Cassius Dio gibt als möglichen Heiratsgrund an, dass Agrippa während der Abwesenheit des Princeps mit der Leitung Roms beauftragt werden und zur Erleichterung dieser Aufgabe Iulia ehelichen sollte.[192] Denn Agrippa entstammte keiner senatorischen Familie und von seinem Vater war nicht mehr als sein Name, L. Vipsanius Agrippa, bekannt.[193] Agrippa war folglich ein *homo novus,* der nur durch seine *amicitia* zu Octa-

187 Vgl. Dettenhofer, Herrschaft und Widerstand, S. 120.

188 Vgl. Fantham, Julia Augusti, S. 45; vgl. Syme, Aristocracy, S. 306; siehe auch Tac. ann. 4,40,6.

189 Vgl. Temporini, iulisch-claudische Familie, S. 48.

190 Vgl. Dettenhofer, Herrschaft und Widerstand, S. 120, Anm. 42.

191 Cass. Dio 54,6,5: *ὁ Μαικήνας συμβουλευμένῳ οἱ περὶ αὐτῶν τούτων εἰπεῖν λέγεται ὅτι τηλικοῦτον αὐτὸν πεποίηκας ὥστ᾽ ἢ γαμβρόν σου γενέσθαι ἢ φονευθῆναι.* Auch Bringmann, Augustus, S. 230, macht deutlich, dass Augustus seinen zweiten Mann nicht übergehen konnte und ihm Iulia zur Frau geben musste.

192 Vgl. Cass. Dio 54,6,4-5. Die Ehe konnte die Unruhen in Rom während der Abwesenheit des Augustus nicht beenden, vgl. Bringmann, Augustus, S. 150.

193 Vgl. Fantham, Julia Augusti, S. 45.

vian militärische und politische Erfolge erlangen konnte. Kunst vermutet, dass Iulia unter der niedrigen Herkunft des Agrippa sehr gelitten habe.[194] Doch Octavian war die Einbindung seines ruhmreichen Feldherrn Agrippa trotz dessen unbedeutender Abstammung politisch von großer Wichtigkeit.

Durch die Ehe mit Iulia avancierte Agrippa faktisch zum informellen Stellvertreter des Princeps.[195] Augustus hatte ihm bereits 24 v. Chr. ein *imperium* für das gesamte Reich und dazu die *tribunicia potestas* verliehen, womit Agrippa nahezu die gleichen Privilegien wie Augustus inne hatte und folglich als zweiter Mann neben Augustus gelten musste.[196] Agrippa und Augustus waren zudem oft „Kollegen" gewesen: beide waren sie Magistrate der *Quindecimviri*, im Jahr 17 v. Chr. richteten sie gemeinsam die *Ludi Saeculares* aus und 13 v. Chr. bekleideten sie zur gleichen Zeit das Amt des Zensors.[197] Augustus benötigte einen Teilhaber an der Macht, der ihm gegenüber loyal war. So hatte Agrippa von 27 bis 24 v. Chr. Augustus in Rom, erst als Konsul dann informell ohne Amt, vertreten, von 23 bis 20 v. Chr. erhielt er ein *imperium* für den Osten des Reiches, von 20 bis 18 v. Chr. vertrat er Augustus in Gallien und von 17 bis 13 v. Chr. agierte er wiederholt im Osten.[198] Sowohl die politische als auch die dynastische Position des Agrippa legen die Vermutung nahe, dass der Princeps Agrippa als seinen möglichen Nachfolger erachtete. Sein einziger Neffe Marcellus war früh verstorben und mit einem eigenen Sohn konnte Augustus wohl nicht mehr rechnen.

Ganz im Sinne der dynastischen Pläne des Augustus bekamen Iulia und Agrippa insgesamt fünf Kinder. Im Jahr 20 v. Chr. gebar Iulia einen Sohn, der den Vornamen Gaius erhielt und als Enkel des Augustus gleichzeitig sein erster leiblicher männlicher Nachfahre war. Bereits im folgenden Jahr wurde eine Tochter, ebenfalls Iulia (minor), geboren.[199] 17 v. Chr. wurde ein weiterer Sohn, Lucius, geboren. Augustus konnte für seine dynastischen Pläne nunmehr auf zwei leibliche Enkel zurückgreifen und adoptierte beide sogleich

---

194 Vgl. Kunst, Livia, S. 100.

195 Vgl. Dettenhofer, Herrschaft und Widerstand, S. 92; vgl. Syme, Revolution, S. 404.

196 Vgl. Cass. Dio 54,12,4.

197 Vgl. Severy, Augustus and the family, S. 70; siehe auch Cass. Dio 54,28,1.

198 Vgl. Bringmann, Augustus, S. 143 und S. 149.

199 Nach der üblichen Methode hätte die Tochter nach ihrem Vater Agrippa benannt werden müssen. Iulia wurde jedoch nach ihrem (Adoptiv-) Großvater mütterlicherseits benannt. Darin wird die bewusste Betonung der iulischen Nachkommenschaft deutlich, vgl. Temporini, iulisch-claudische Familie, S. 50.

im selben Jahr, um sie zu seinen Söhnen, zu Nachfahren der iulischen Familie, zu machen.[200] Um diese dynastische Absicht zu verdeutlichen, ließ Augustus im Jahr 13 v. Chr. Silbermünzen prägen, auf deren Obvers er seine eigene Büste, auf dem Revers die Köpfe der Iulia, des Gaius und des Lucius abbilden ließ.[201] Auf diese Weise wird die Verbindung des Augustus zu seinen Enkeln/Adoptivkindern über seine Tochter Iulia verdeutlicht beziehungsweise die Verbindung des Agrippa, als Ehemann der Iulia und Vater von Gaius und Lucius, zu Augustus. Mit der Adoption standen Gaius und Lucius in der Rangfolge vor ihrem Vater Marcus Agrippa und vor Livias Söhnen Tiberius und Drusus.[202] Agrippa trat als möglicher Nachfolgekandidat zurück und nahm die Rolle eines „Platzhalters" ein.[203] Während einer ausgedehnten Reise in den Osten des Reiches bekam Iulia ihr viertes Kind, ein Mädchen, dass den Namen Agrippina erhielt. Das letzte gemeinsame Kind wurde im Jahr 12 v. Chr. kurz nach dem überraschenden Tod des Agrippa während der Niederschlagung eines Aufstandes in Illyricum geboren und erhielt daher den Namen Agrippa Postumus (der Nachgeborene).[204]

Der Tod von Marcus Agrippa und die erneute Witwenschaft der Iulia führten abermals zu Spekulationen, denn die Tochter des Princeps konnte nicht unverheiratet bleiben. So fiel die Wahl aufgrund dynastischer Überlegungen des Augustus schließlich auf Tiberius, den Stiefbruder von Iulia.[205] Dazu musste Tiberius seiner

---

200 Gaius und Lucius waren als Söhne des Marcus Agrippa rechtlich gesehen Nachfahren der Vipsanier. Sie folgten der Rechtstellung des Vaters.

201 RIC Augustus 404 und 405 (detailliert bei Mattingly, Harold/Sydenham, Edward A.: The Roman Imperial Coinage, Vol. 1: from 31 BC-69 AD, überarb. Ausg., London 1984). Über Iulia schwebt die *corona civica*, die als dynastisches Zeichen die direkte Abkunft von Augustus betont, vgl. Zanker, Macht der Bilder, S. 218. Eine weitere Silbermünze (RIC 403) zeigt auf dem Revers die Büste der Iulia mit den Emblemen der Göttin Diana beziehungsweise Diana mit den Zügen und der Frisur der Iulia, vgl. Kunst, Livia, S. 131 (vgl. S. 107, Abb. II).

202 Vgl. Temporini, iulisch-claudische Familie, S. 57.

203 Vgl. Heuß, Römische Geschichte, S. 318.

204 Vgl. Temporini, iulisch-claudische Familie, S. 59.

205 Wie Sueton (Aug. 63,2) schreibt, suchte Augustus erst im Ritterstand nach einem passenden Mann, bevor er sich für Tiberius entschied; vgl. auch Tac. ann. 4,39,3. Cassius Dio (54,31,1) berichtet, dass Augustus Tiberius nur unter Widerstreben gewählt hat: *τὸν Τιβέριον καὶ ἄκων προσείλετο*. Der zweite Stiefsohn, Drusus, war mit der Nichte des Augustus, Antonia minor verheiratet, Tiberius „nur" mit Vipsania, der Tochter des Agrippa, weshalb die Wahl auf ihn fiel, vgl. Eck, Augustus, S. 109.

schwangeren Ehefrau Vipsania Agrippina, mit der er offenbar in einer glücklichen Ehe lebte, den Scheidungsbrief schicken. Für Augustus war diese Ehe politisch wichtig, da durch sie Tiberius nach dem Ableben des Agrippa nunmehr die Rolle des „Platzhalters“[206] für die Enkel beziehungsweise Adoptivsöhne des Augustus einnehmen konnte und Iulia wieder fest in die dynastische Konstellation eingebunden war. Ein anderer, außerhalb der *domus* stehender Mann hätte die dynastisch begründeten Ansprüche des Gaius und Lucius auf die Übernahme der Macht gefährden können.[207] Wie Fantham betont, gab es viele ambitionierte römische Adlige, die Iulia ehelichen wollten, um so auf Augustus einwirken zu können.[208] Der Princeps wählte daher bewusst eine endogame Verbindung. Tiberius war sowohl in der Kriegsführung als auch in senatorischen Geschäften erfahren und aufgrund dessen fähig, die Autorität im Staat zu übernehmen. Bei einem möglichen Tod des Princeps wären vorerst nur Tiberius und sein Bruder Drusus als Nachfolger in Betracht gekommen, da Gaius und Lucius noch zu jung waren. Ferrero begründet die Eheschließung damit, dass Augustus das andauernde Zerwürfnis zwischen Iuliern und Claudiern beenden wollte.[209]

Die Ehe zwischen den Stiefkindern wurde 11 v. Chr. geschlossen und war aufgrund der rein politischen Komponente nicht von Harmonie geprägt.[210] Während Tiberius in Germanien weilte, hielt sich Iulia mit ihren fünf Kindern aus ihrer Ehe mit Marcus Agrippa in Norditalien und Rom auf. Iulia und Tiberius bekamen zwar etwa ein Jahr nach der Hochzeit einen gemeinsamen Sohn, der jedoch bald nach der Geburt verstarb, sodass die Ehe kinderlos blieb.[211]

---

206 Vgl. Temporini, iulisch-claudische Familie, S. 61; vgl. Heuß, Römische Geschichte, S. 382.

207 Vgl. Dettenhofer, Herrschaft und Widerstand, S. 162.

208 Vgl. Fantham, Julia Augusti, S. 79.

209 Vgl. Ferrero, Frauen der Cäsaren, S. 59. So gab es seit längerem Diskrepanzen zwischen Iuliern und Claudiern bedingt durch die angebliche Konkurrenz zwischen Iulia und Livia, vgl. ebd., S. 54ff.; siehe auch Kunst, Livia, S. 153.

210 Sueton (Tib. 7,3) beschreibt, dass anfangs Eintracht und Liebe zwischen beiden herrschte, jedoch schon bald Meinungsverschiedenheiten aufkamen und Tiberius von Iulia getrennt schlief: *Cum Iulia primo concorditer et amore mutuo vixit, mox dissedit et aliquanto gravius, ut etiam perpetuo secubaret.*

211 Vgl. Temporini, iulisch-claudische Familie, S. 62. Durch die Fehlgeburt hatte sich das Paar völlig entfremdet. Tiberius ist aus dem gemeinsamen Schlafzimmer ausgezogen und machte Iulia wahrscheinlich sogar für den Tod des Sohnes verantwortlich, vgl. Kunst, Livia, S. 168f.

Iulia verfolgte zunehmend eigene politische Interessen, da sie sich der Rolle als einziges leibliches Kind des Princeps wohl bewusst zu sein schein und diese zu ihren Gunsten nutzen wollte. Ihr Ehrgeiz war eine logische Folge ihrer Vermählungen mit Marcellus, Agrippa und schließlich Tiberius, denn diese Ehen mussten den Gedanken in ihr wecken, dass sie „mit ihrer Hand [...] den Principat vergebe."[212] Iulia umgab sich mit Personen, die für Augustus und Tiberius politisch unerwünscht waren, da sie dem Princeps illoyal gegenüber standen.[213] Wie Cassius Dio schildert, führte Iulia ein lockeres Leben, schwärmte nachts durch die Straßen und nahm an Trinkgelagen teil.[214] Dies musste den Princeps erzürnen, da solch ein Verhalten sich für die Kaisertochter nicht ziemte. Ferner soll Iulia während der Ehe mit Tiberius Liebschaften zu anderen Männern unterhalten haben, die wohl bereits zu Lebzeiten des Marcus Agrippa begannen.[215] Tiberius, der von diesen intimen Beziehungen wusste, ging im Jahre 6 v. Chr. freiwillig nach Rhodos ins Exil (vgl. S. 58). Eine Scheidung kam nicht in Frage, da Augustus, dem diese amourösen Verhältnisse wohl bekannt waren, vermeiden wollte, dass Iulia als geschiedene Frau - und aufgrund ihrer Stellung als einzige Tochter des Princeps - zum Objekt des politischen Ehrgeizes anderer Nobiles wurde.[216]

Die Vorwürfe des Ehebruchs waren 2 v. Chr. an die Öffentlichkeit gelangt, sodass der Princeps verpflichtet war, seine Tochter auf Grundlage seiner *lex Iulia de adulteriis* anzuzeigen.[217] Zudem musste Augustus mit einer Verschwörung gegen seine Person rechnen und deshalb seiner Tochter jede Möglichkeit dazu im Voraus nehmen. Daher schickte Augustus Iulia im Jahr 2 v. Chr. im Namen des Tiberius den Scheidungsbrief, klagte sie wegen Ehebruchs an[218] und

212 Sandels, Stellung der kaiserlichen Frauen, S. 11.

213 Vgl. Temporini, iulisch-claudische Familie, S. 66.

214 *ὁ Αὔγουστος ἐτίθετό τὴν δὲ δὴ Ἰουλίαν τὴν θυγατέρα ἀσελγαίνουσαν οὕτως ὥστε καὶ ἐν τῇ ἀγορᾷ καὶ ἐπ' αὐτοῦ γε τοῦ βήματος καὶ κωμάζειν νύκτωρ καὶ συμπίνειν ὀψέ ποτε φωράσας ὑπερωργίσθη* (Cass. Dio 55,10,12).

215 Vgl. Tac. ann. 1,53,3.

216 Vgl. Fantham, Julia Augusti, S. 84.

217 Vgl. Ferrero, Frauen der Cäsaren, S. 70.

218 Obwohl Iulia laut Gesetz des Augustus das *ius trium liberorum* besaß und damit nicht mehr unter der *potestas* ihres Vaters stand, gab es keine öffentliche Verhandlung, sondern sie wurde durch die Hausgerichtsbarkeit vom Princeps verurteilt, vgl. Dettenhofer, Herrschaft und Widerstand, S. 177. Auch die Verurteilung der angeblichen Liebhaber geschah eigenmächtig ohne öffentliches Verfahren, vgl. Meise, Eckhard: Untersuchungen zur Geschichte der Julisch-Claudischen Dynastie (=Vestigia; 10),

verbannte sie auf die Insel Pandateria (heute: Ventotene), wohin Iulia von ihrer Mutter Scribonia begleitet wurde.[219] Ihre angeblichen Liebhaber, eine Reihe vornehmer Männer aus der stadtrömischen Aristokratie, wie Iullus Antonius, Titus Quintius Crispinus Sulpicianus, Tiberius Sempronius Gracchus, Appius Claudius Pulcher, Publius Cornelius Scipio und weitere Personen aus dem Senatoren- und Ritterstand, wurden angeklagt und verurteilt.[220] Die offizielle kaiserliche Propaganda nannte als Grund für die Verbannung der Iulia ihren unmoralischen Lebenswandel, ihre Ausschweifungen und den damit einhergehenden Ehebruch. Doch die Härte des Strafmaßes, die Verbannung seiner einzigen Tochter und gleichzeitig Mutter der designierten Nachfolger Gaius und Lucius und die Verurteilung von Mitgliedern der vornehmen Aristokratie legen die Vermutung nahe, dass der Ehebruch nur ein Vorwand war und der eigentliche Grund in einer politischen Verschwörung lag. Von diesen Plänen des Hochverrats der Gruppe um Iulia berichten zudem, wie Meise darlegt, Plinius der Ältere, Seneca und Cassius Dio.[221] Iulia als einzige leibliche Tochter des Princeps fühlte sich in ihrer Position, die deutlich hinter ihren Söhnen Gaius und Lucius lag, möglicherweise zurückgesetzt; die Mitverschwörer strebten indes eine gute, ihren Familien angemessene Position an.[222] Iullus Antonius, der Sohn des Antonius und der Fulvia, spielte bei dieser Verschwörung wohl eine wichtige Rolle, er war womöglich sogar der strategische Kopf der Unternehmung,[223] da er sich als Sohn des Feldherren Antonius zu gering geschätzt fühlte und hoffte, durch die sexuelle und politische Verbindung zu Iulia in seiner Position zu steigen.[224] Zu der Verschwörung kam möglicherweise auch die

---

München 1969, S. 14.

219 Vell. 2,100,5. Nach fünf Jahren gestattete Augustus, dass sie auf das Festland nach Rhegium gebracht wurde, vgl. Suet. Aug. 65,3. Dort waren die Umstände weniger streng, sie hatte ein komfortableres Heim und erhielt sogar ein Sklavenpaar von Livia, vgl. Kunst, Livia, S. 161. Es gab nach wie vor viele Anhänger der Iulia, die um eine Rückkehr baten, weshalb Augustus eine mildere Bestrafung festsetzte, vgl. Meise, Untersuchungen, S. 28; siehe auch Cass. Dio 55,13,1.

220 Vgl. Bringmann, Augustus, S. 235. Sie wurden alle wegen Ehebruchs hingerichtet oder verbannt, vgl. Cass. Dio 55,10,15. So mussten sogar der Sohn von Iullus und der Sohn von Sempronius Gracchus in die Verbannung gehen, vgl. Meise, Untersuchungen, S. 16.

221 Vgl. Meise, Untersuchungen, S. 18.

222 Vgl. ebd., S. 26.

223 Vgl. Kunst, Livia, S. 137.

224 Vgl. Cass. Dio 55,10,15. Fantham, Julia Augusti, S. 85, sagt, dass Iullus Antonius seinen Vater rächen und die Erinnerung an selbigen aufrecht

Planung des Mordes an Augustus hinzu, da sonst eine Eheschließung zwischen Iullus Antonius und Iulia nicht möglich wäre.[225] Deshalb wurde Iullus Antonius ermordet und Iulia in die Verbannung geschickt. Augustus durfte seine Heiratspolitik nicht gefährden und die Eigendynamik der „selbst inszenierte[n] Nachfolgepolitik"[226] musste gebremst werden. Severy indes bezweifelt einen politischen Komplott beziehungsweise hält eine Differenzierung in sexuelle Affäre und politische Verschwörung für nicht notwendig, da der Lebenswandel von Iulia völlig ausgereicht hatte, um sie wegen Hochverrats zu verbannen.[227]

* * * *

Iulia kam als Tochter des Princeps eine zentrale Rolle in der Heiratspolitik des Augustus zu, da er keinen eigenen Sohn hatte. Die Verbindung seines eigenen Kindes mit einem nicht von Augustus gewünschten Mann konnte nicht akzeptiert werden. Daher wurden alle drei Ehen der Iulia durch den Wunsch des Princeps diktiert. Diese Heiratspolitik ist „ein Musterbeispiel adliger Familienpolitik":[228] In erster Ehe heiratete Iulia ihren Cousin Marcellus, in zweiter Ehe Marcus Agrippa, den Schwiegersohn Octavias und Freund des Augustus, und in dritter Ehe schließlich Tiberius, den Sohn Livias aus erster Ehe. Das in den antiken Quellen als auffällig und negativ dargestellte Verhalten Iulias, also die Verbindung mit Personen, die dem Princeps nicht loyal gegenüber standen, ihre Freizügigkeit und das ehebrecherische Verhalten gegenüber ihrem Ehemann zwangen Augustus, sie anzuklagen und nach der *lex Iulia de adulteriis* zu bestrafen. Da Iulia sich ihrer Rolle als sittsame Kaisertochter und vorbildliche Matrona nicht fügen wollte, stellte sie nach Ansicht des Princeps mit ihrem Verhalten eine Gefahr für die *domus Augusta* dar und eine Belastung für ihre Kinder Gaius und Lucius, sodass sie aus Rom verbannt werden musste.

---

erhalten wollte. Zu weiteren Gründen der Verschwörer siehe Meise, Untersuchungen, S. 24ff.

225 Vgl. Mette-Dittmann, Ehegesetze, S. 96f.; vgl. Meise, Untersuchungen, S. 25.

226 Dettenhofer, Herrschaft und Widerstand, S. 179.

227 Vgl. Severy, Augustus and the family, S. 182f.

228 Mette-Dittmann, Ehegesetze, S. 49.

4 Vermählungen der Stiefsöhne

a) Tiberius Caesar

Tiberius (42 v. Chr. - 37 n. Chr.) war der ältere Sohn der Livia und ihrem ersten Ehemann Tiberius Claudius Nero. Zusammen mit seinem jüngeren Bruder Drusus kam er, nachdem sein Vater im Jahre 33 v. Chr. gestorben war, in das Haus des Octavian, der zum Vormund beider ernannt worden war.[229] Als Knabe von zehn Jahren wurde Tiberius 32 v. Chr. mit Vipsania Agrippina verlobt, der etwa einjährigen Tochter des Marcus Agrippa und seiner ersten Ehefrau Pomponia Caecilia Attica.[230] Diese Verlobung war für Tiberius aufgrund der politischen Bedeutung seines zukünftigen Schwiegervaters Agrippa vorteilhaft. Denn auch wenn Agrippa aufgrund seiner Herkunft gesellschaftlich nicht hoch angesehen war, so war er doch ein erfolgreicher Feldherr und enger Vertrauter und Freund des Octavian. Zudem war Vipsania das einzige Enkelkind des Bankiers Pomponius Atticus, einem der reichsten Männer Roms.[231] Für Agrippa war diese Verbindung ebenfalls eine gute Wahl, weil er nun mit der Familie der *Claudii* und der *Livii* verbunden war.[232] Eine direkte Verbindung zum Kaiserhaus erhielt Agrippa erst durch die Ehen mit Marcella maior (vgl. S. 65) und Iulia (vgl. S. 48ff.), die später geschlossen wurden.

Vermutlich im Jahr 16 v. Chr., als Tiberius das Amt des Prätors inne hatte, fand die Hochzeit zwischen Tiberius und Vipsania statt.[233] Kunst vermutet, dass die ungewöhnlich lange Zeitspanne zwischen Verlobung und Eheschließung damit zusammenhängt, dass Livia sich eventuell um eine Nichte des Augustus für Tiberius bemühte.[234] Fraschetti hingegen nimmt an, dass wahrscheinlich

229 Vgl. Cass. Dio 48,44,5.

230 Vgl. Severy, La Maison, S. 259. Attica war die Tochter des Pomponius Atticus, einem bekannten Freund und Korrespondenten von Cicero, vgl. Bringmann, Augustus, S. 39.

231 Vgl. Kunst, Livia, S. 145.

232 Vgl. Temporini, iulisch-claudische Familie, S. 41.

233 Vgl. Kunst, Livia, S. 145. Syme, Aristocracy, S. 314, geht indes von einer Eheschließung bereits 19 v. Chr. aus, kurz nach Tiberius' Rückkehr aus dem Osten. Zu diesem Zeitpunkt war Vipsania bereits 14 Jahre alt und hatte das ehefähige Alter erreicht.

234 Vgl. Kunst, Livia, S. 146. Es gab eine deutliche Rangdifferenz zwischen Braut und Bräutigam, zwischen dem Patrizier Tiberius und der Plebejerin Vipsania.

Livia selbst diese Ehe arrangiert hat, da Vipsania als Tochter des Agrippa - „next to the princeps himself [...] the most powerful man in the empire" - eine gute Wahl für Tiberius darstellte, auch wenn Agrippa nicht von nobler Abstammung war.[235]

Vipsania und Tiberius bekamen im Jahr 15 v. Chr. einen Sohn, der Nero Claudius Drusus (Drusus minor) genannt wurde. Als Vipsania ein weiteres Mal schwanger war, musste Tiberius sich auf Wunsch des Augustus von seiner Gattin nach gerade einmal vier Ehejahren scheiden lassen, um Iulia zu ehelichen.[236] Ihr Mann Marcus Agrippa war unerwartet gestorben (vgl. S. 51), sodass die neue Ehe kurz nach der Geburt des Agrippa Postumus im Jahr 11 v. Chr. geschlossen wurde. Tiberius' bisherige Ehefrau Vipsania war *nur* die Tochter von Agrippa, hatte kein iulisches Blut und spielte somit für Augustus und seine dynastischen Pläne keine Rolle.[237] Die Scheidung von seiner ersten Frau hatte Tiberius wohl nie wirklich verkraftet. Sueton berichtet, dass Tiberius Vipsania, als er sie auf der Straße traf, mit Leiden im Gesicht anstarrte, sodass man solche Treffen für die Zukunft vermied.[238] Noch im selben Jahr wurde Vipsania mit dem angesehenen Senator Gaius Asinius Gallus Salonius, dem Sohn des berühmten Redners und Schriftstellers Gaius Asinius Pollio, verheiratet.[239]

Die Ehe mit Iulia war politisch betrachtet ein großer Vorteil für Tiberius, da er nun in einer noch engeren Verbindung zu Augustus stand. War er vorher nur über Livia als Stiefsohn mit ihm verbunden, ist er nun durch seine Ehefrau Iulia zum Schwiegersohn des Augustus avanciert. Durch den Tod des Claudius Marcellus (23 v. Chr.) und des Marcus Agrippa (12 v. Chr.) ist Tiberius der Stellung als möglicher Nachfolger näher gekommen, was seine Ehe mit Iulia bestätigen und festigen sollte. Doch darf nicht davon ausgegangen werden, dass Tiberius mit der Eheschließung automatisch zum Nachfolger des Augustus aufrückte. Die Ehe wurde in erster Linie deshalb geschlossen, weil Tiberius der ranghöchste Mann im heiratsfähigen Alter innerhalb der *domus Augusta* war und eine Ehe der

---

235 Fraschetti, Livia, S. 107f.

236 Vgl. Cass. Dio 54,31,1; vgl. Auch Fantham, Julia Augusti, S. 79.

237 Vgl. Kunst, Livia, S. 132.

238 Suet. Tib. 7,3: *sed Agrippinam et abegisse post divortium doluit et semel omnino ex occursu visam adeo contentis et umentibus oculis prosecutus est, ut custoditum sit, ne umquam in conspectum ei posthac veniret.*

239 Vgl. Tac. ann. 1,12,4. Tiberius hat Gaius Asinius Gallus Salonius nach dem Tod der Vipsania wegen Hochverrats angeklagt und im Jahr 30 n. Chr. zum Tode verurteilt. Da er nicht hingerichtet wurde, starb er erst drei Jahre später einen Hungertod, vgl. Kunst, Livia, S. 237.

Iulia mit einem außerhalb der *domus* stehenden Mann, einem potentiellen Konkurrenten des Augustus, unbedingt verhindert werden sollte.[240] Tiberius diente dem Augustus nach Agrippas Tod als neuer „Platzhalter" für dessen Enkel und Adoptivkinder Gaius und Lucius. Daher folgten auf die Eheschließung keine unmittelbaren Ehrungen oder Ämtervergaben, sondern erst vier Jahre später.

Von 12 bis 10 v. Chr. war Tiberius bereits in Pannonien und Dalmatien sowie ab 9 v. Chr. in Germanien als Feldherr tätig.[241] Im Jahr 7 v. Chr. hatte er zum zweiten Mal das Konsulat inne und im darauf folgenden Jahr wurde ihm die *tribunicia potestas* sowie das *imperium proconsulare* für Armenien verliehen.[242] Durch diese Ämter avancierte Tiberius, ähnlich wie einst Agrippa, zum Mitregenten neben Augustus; doch wurde er weiterhin von ihm nicht als Nachfolger in Betracht gezogen, da seine Adoptivsöhne Gaius und Lucius nunmehr das Mannesalter erreicht hatten[243] und im Gegensatz zu Tiberius eine iulische Abstammung vorweisen konnten.

Tiberius wünschte schließlich im Jahr 6 v. Chr. alle öffentlichen Ämter niederzulegen, um sich fernab von Rom auf Rhodos philosophischen Studien zu widmen. Dieser Rückzug ist als freiwilliges Exil, als Flucht vor seiner Ehefrau Iulia und seinen Konkurrenten Gaius und Lucius zu interpretieren.[244] Denn Tiberius hatte nach dem Tod seines Bruders Drusus 9 v. Chr. nicht die erhoffte Nachfolgerolle erhalten, stattdessen wurden die Söhne Iulias intensiv von Augustus gefördert, obwohl sie bisher keine Leistungen vollbracht hatten und nichts vorweisen konnten, außer ihrer Abstammung.[245] Die unglückliche Ehe mit Iulia, ihre amourösen Verhältnisse zu anderen Männern (vgl. S. 53f.) und der Tod des einzigen gemeinsamen Kindes, sind darüber hinaus als Ursachen denkbar. Temporini gibt als weiteren möglichen Grund die Angst des Tiberius um sein Leben an, welches durch die wachsende Feindseligkeit der Iulia und ihres Freundeskreises geschürt wurde.[246] Jedenfalls verschwand Tiberius durch sein freiwillig gewähltes Exil von der politischen Bühne und verzichtete so vorerst auf eine mögliche Chance, in die Rolle des Nachfolgers des Augustus zu schlüpfen.

---

240 Vgl. Severy, Augustus and the family, S. 67.

241 Vgl. Bringmann, Augustus, S. 181ff.; vgl. Suet. Tib. 9,1-2.

242 Vgl. Cass. Dio 55,9,4; vgl. Suet. Tib. 9,3.

243 Vgl. Severy, Augustus and the family, S. 163.

244 Vgl. Suet. Tib. 10,1; vgl. Cass. Dio 55,9,5-7; vgl. Tac. ann. 1,53,1.

245 Vgl. Kunst, Livia, S. 169; vgl. Bringmann, Augustus, S. 232.

246 Vgl. Temporini, iulisch-claudische Familie, S. 66.

Während seines Aufenthaltes auf Rhodos wurde Tiberius im Jahre 2 v. Chr., wie bereits erläutert, von seiner Gattin Iulia geschieden, indem Augustus in dessen Namen den Scheidungsbrief schickte.[247] Die Scheidung und anschließende Verbannung der Iulia waren durchaus positiv für Augustus, weil die Stellung des Tiberius aufgrund der fehlenden familiären Bindung zur iulischen Familie entschieden geschwächt wurde.[248] Tiberius entfernte sich dynastisch wieder von Augustus, da er nun nicht mehr durch seine Gattin Iulia, sondern lediglich durch seine Mutter Livia mit dem Kaiserhaus verbunden war.[249] So verringerten sich Tiberius' Ansprüche auf die Nachfolge des Augustus, wohingegen Gaius und Lucius durch die Scheidung des Tiberius von Iulia wieder sicher an erster Stelle der Nachfolge standen.

Der Wunsch des Tiberius, nach der Verbannung der Iulia wieder nach Rom zurückkehren zu dürfen, da seine *tribunicia potestas* und sein *imperium proconsulare* endeten, wurde von Augustus vorerst verweigert.[250] Erst kurz vor dem Tod des Lucius im Jahre 2 n. Chr. kehrte Tiberius, wohl auf Initiative seiner Mutter Livia, nach Rom zurück, musste jedoch vorerst ein Privatmann und damit fern jeglicher politischen Tätigkeit bleiben.[251] Dies änderte sich mit dem Tod des Lucius Caesar (2 n. Chr.) und Gaius Caesar (4 n. Chr.). Tiberius wurde nun wieder in das politische Geschehen integriert, da Augustus auf keine anderen männlichen Mitglieder innerhalb seiner *domus* im entsprechenden Alter und mit den entsprechenden politischen und militärischen Fähigkeiten zurückgreifen konnte. Weil Tiberius jedoch ein Claudier war, musste er entweder durch eine neue Ehe oder durch Adoption ein Iulier werden – für letztere Methode hat sich Augustus entschieden: gemeinsam mit seinem Stiefsohn Agrippa Postumus wurde Tiberius im Jahr 4 n. Chr. von Augustus adoptiert.[252] Dazu musste Tiberius seinen Neffen Germani-

---

247 Vgl. Kunst, Livia, S. 136. Damit griff Augustus in dessen Autoritätsbereich ein.

248 Es gibt Vermutungen, dass Augustus Iulia deshalb so hart bestrafte, um Tiberius so als Konkurrenten seiner Adoptivsöhne Gaius und Lucius auszuschalten, vgl. Meise, Untersuchungen, S. 5; vgl. Syme, Revolution, S. 441.

249 Vgl. Temporini, iulisch-claudische Familie, S. 67.

250 Vgl. Suet. Tib. 11,4f.; vgl. Kunst, Livia, S. 170.

251 Vgl. Suet. Tib. 13,2.

252 Vell. 2,103,3; 2,104,1. Wie Tacitus (ann. 4,57,3) schreibt, hat Augustus eventuell auf Betreiben der Livia ihren Sohn Tiberius adoptiert: *Nam dubitaverat Augustus Germanicum [...] rei Romanae imponere, sed precibus uxoris evictus Tiberio Germanicum, sibi Tiberium adscivit.*

cus, den Sohn seines verstorbenen Bruders Drusus, adoptieren (vgl. S. 83), obwohl er selbst einen Sohn von seiner ersten Frau Vipsania hatte.[253] Mit dieser über Adoptionen geschaffenen Verbindung der männlichen Personen aus dem iulisch-claudischen Haus regelte Augustus die Nachfolgefrage für zwei weitere Generationen und war damit seinem Ziel, nämlich der Sicherung einer Familiendynastie, nähergekommen.[254] Augustus' Pläne sahen zwar ursprünglich einen Iulier als Nachfolger vor, aber mit dem Tod des Marcellus, des Gaius und Lucius hatte er nun keine andere Wahl, als einem Claudier die Nachfolge zu ermöglichen: „After Julia, Tiberius was not disposed to essay another experiment of matrimony."[255] Durch die Adoption war eine neue dynastisch motivierte Ehe für Tiberius überflüssig, da Tiberius nun zur *familia Caesaris* gehörte. Zudem hätte eine neue Ehe zu Komplikationen führen können, wenn zum Beispiel die Gattin ähnlich ambitionierte Pläne wie Iulia gehabt hätte oder wenn Kinder gefolgt wären.[256]

Nach der Verbannung des Agrippa Postumus im Jahr 7 n. Chr. (vgl. S. 78) stieg Tiberius in seiner Position weiter auf und galt fortan als Thronaspirant, auch wenn gleichzeitig andere Familienmitglieder als potentielle Nachfolger heranwuchsen, wie sein eigener Sohn Drusus minor oder seine Neffen Tiberius Claudius Nero, der spätere Kaiser Claudius, und Germanicus. Doch zeichnete sich eine allmähliche Herausstellung des Tiberius durch Augustus ab. So wurde ihm im Jahre 4 n. Chr. die *tribunicia potestas* für zehn Jahre sowie die Befehlsgewalt eines Prokonsuls verliehen.[257] In der Folgezeit war Tiberius die meiste Zeit auf militärischen Kampagnen in Germanien, Dalmatien und Pannonien, während Augustus die Stadt Rom verwaltete.[258] 13 n. Chr. hatte Tiberius gemeinsam mit Augustus einen Zensus durchgeführt und erhielt im gleichen Jahr ein *imperium proconsulare maius* und eine Verlängerung der *tribunicia potestas*

253 Vgl. Tac. ann. 1,3,5. Die erzwungene Adoption des Germanicus erfolgte, wie Cassius Dio (55,13,2) mutmaßt, aufgrund des Argwohns des Augustus gegenüber Tiberius. Indem Augustus Tiberius befahl, Germanicus zu adoptieren, mischte er sich bewusst in dessen persönliche Verhältnisse ein und verdeutlichte damit, dass er einen Nachfolger aus seiner *familia Caesaris* bevorzugte, Tiberius also nur eine „Notlösung" darstellte, vgl. Heuß, Römische Geschichte, S. 320.

254 Vgl. Severy, Augustus and the family, S. 190.

255 Syme, Aristocracy, S. 169.

256 Vgl. ebd.

257 Vgl. Eck, Augustus, S. 112; Kienast, Augustus, S. 138f.

258 Vgl. Severy, Augustus and the family, S. 187.

für weitere zehn Jahre zusammen mit Augustus.[259] Tiberius und Augustus waren damit an Ämtern gleichgestellt, eine Hierarchie gab es lediglich auf familiärer Ebene.[260] Nach dem Tod des Augustus im folgenden Jahr wurde Tiberius per Testament schließlich als Erbe eingesetzt, alle wichtigen Ämter hatte er bereits erhalten. So konnte Tiberius die Nachfolge des Augustus mühelos antreten, unterstützt von seiner Mutter Livia.

b) Nero Claudius Drusus

Nero Claudius Drusus (38 v. Chr. - 9 v. Chr.) war der jüngere Sohn der Livia aus ihrer ersten Ehe mit Tiberius Claudius Nero und wuchs nach dessen Tod 33 v. Chr. im Haus des Augustus auf. Jener hatte seinen Stiefsohn im Jahr 16 v. Chr. mit seiner Nichte Antonia minor, der Tochter von Octavia und Marcus Antonius, verheiratet. Bereits 19 v. Chr. hatte Drusus die Quästur inne und war nunmehr - am Beginn einer politischen Karriere - bereit für eine Ehe.[261] Diese Eheschließung wurde vermutlich auf Veranlassung der Livia arrangiert, die ihren Söhnen die Nachfolge des Augustus sichern wollte. Durch die Heirat wurde ihr jüngerer Sohn nunmehr ein direkter Teil der Familie des Augustus, mögliche Kinder wären somit Großnichten und Enkel des Princeps.[262] Drusus als der bevorzugte Stiefsohn des Princeps[263] erhielt als Braut ein Familienmitglied des Augustus, während Tiberius *nur* mit Vipsania, der Tochter des Agrippa, verheiratet wurde (vgl. S. 56f.). Beide Ehen, die Heirat von Drusus mit Antonia minor sowie die Heirat von Tiberius mit Vipsania, wurden etwa zeitgleich geschlossen, vielleicht hat gar eine Doppelhochzeit stattgefunden.[264] Die Ehe zwischen Drusus und Antonia soll von Harmonie und Treue gekennzeichnet gewesen sein und galt in der Öffentlichkeit als ideale Verbindung von Mann und Frau.[265] Drei Kinder gingen aus dieser Verbindung hervor: Germanicus, Livia Iulia (Livilla) und Claudius.

---

259 Vgl. Kienast, Augustus, S. 129; vgl. Tac. ann. 1,3,3; vgl. Suet. Tib. 21,1.

260 Vgl. Severy, Augustus and the family, S. 205.

261 Vgl. Kokkinos, Nikos: Antonia Augusta. Portrait of a Great Roman Lady, London u.a. 1992 (Nachdruck 2002), S. 11.

262 Vgl. Fraschetti, Livia, S. 108.

263 Vgl. Temporini, iulisch-claudische Familie, S. 64.

264 Vgl. Kunst, Livia, S. 145.

265 Vgl. Ferrero, Frauen der Cäsaren, S. 66; vgl. auch Kunst, Livia, S. 146.

Drusus übte wie sein Bruder Tiberius militärische Funktionen im Alpenraum aus. Er war ein begabter und erfolgreicher Heerführer und erhielt für seine siegreichen Feldzüge gegen die Germanen in den Jahren 12 bis 9 v. Chr. postum den Ehrennamen *Germanicus*.[266] Im Jahr 10 v. Chr. wurde Drusus das *imperium proconsulare* verliehen. Damit sollte er offenkundig die Position des "Mitkaisers" neben Augustus einnehmen, wie sie einst Marcus Agrippa inne hatte.[267] Sein älterer Bruder Tiberius erhielt erst im Jahr 6 v. Chr. ein *imperium proconsulare* verliehen.

Während seines Konsulatsjahres 9 v. Chr. verstarb Drusus jedoch überraschend an den Folgen eines Sturzes vom Pferd auf dem Rückmarsch von einem Feldzug in Germanien.[268] Augustus ließ ein aufwendiges öffentliches Begräbnis ausrichten, um den hohen Status des Drusus in der Familie des Augustus hervorzuheben, und bestattete ihn ferner in seinem Mausoleum.[269] Diese nunmehr gemeinsame Ruhestätte für Iulier und Claudier sollte öffentlich demonstrieren, dass Augustus die *gens* der Claudier als Teil des Herrscherhauses sah und mit ihnen einen dynastischen Anspruch verband.[270]

* * * *

Augustus hat seine Stiefsöhne Tiberius und Drusus in seine Ehepolitik mit einbezogen und sie mit seinen Familienmitgliedern verheiratet, wobei ihre Mutter Livia möglicherweise eine ausschlaggebende Rolle bei der Wahl der Ehepartner spielte. Im Jahr 16 v. Chr. ehelichte Drusus Antonia minor, die Tochter der Octavia, und Tiberius heiratete im gleichen Jahr Vipsania, die Tochter des Marcus Agrippa. Die Eheschließungen fanden im Jahr nach der Adoption der Enkel Gaius und Lucius durch Augustus statt, um Tiberius und Drusus durch diese endogamen Ehen fest in die *domus Augusta* zu integrieren und als „Platzhalter“ der Adoptivsöhne die notwendige Stabilität zu sichern. Nach dem Tod des Marcus Agrippa musste Tiberius Iulia, die einzige Tochter des Augustus heiraten, damit jene

---

266 Dieser vererbte sich wiederum auf seine Söhne.

267 Vgl. Kunst, Livia, S. 134.

268 Vgl. Cass. Dio 55,1,4.

269 Augustus hatte das Mausoleum vermutlich bereits 32 v. Chr. auf dem Marsfeld errichten lassen als Herrschaftsmonument zur Herausstellung seiner Familie, vgl. Eck, Augustus, S. 113f.; vgl. auch Bringmann, Augustus, S. 115.

270 Vgl. Kunst, Livia, S. 148.

keinen Mann außerhalb der Familie ehelichte. Auch an dieser Stelle wurde Tiberius also nicht auf eigenen Wunsch, sondern im Interesse des Princeps vermählt, auch wenn seine Position durch die Heirat deutlich aufgewertet wurde.

5 Vermählungen des Neffen und der Nichten

a) M. Claudius Marcellus

Augustus hatte zu Beginn seiner Herrschaft nur einen männlichen Nachkommen iulischen Blutes: seinen Neffen M. Claudius Marcellus (42 - 23 v. Chr.). Dieser war der Sohn von Octavia und Claudius Marcellus und wurde von Octavian frühzeitig in dessen Familienpolitik einbezogen. Marcellus' Vater war bereits 40 v. Chr. verstorben, sodass Octavian die Rolle des „Ersatzvaters" zukam. Nach der Scheidung seiner Mutter Octavia von Antonius lebte er im Haus seines Onkels auf dem Palatin. Nachdem sich Octavian 39 v. Chr. im Vertrag von Misenum offiziell mit Sextus Pompeius ausgesöhnt hatte, wurde Marcellus im Alter von drei Jahren zur Bekräftigung dieser Versöhnung mit einer Tochter des Sextus verlobt.[271] Diese Verlobung wurde jedoch nach dem erneuten Ausbruch des Krieges zwischen Sextus Pompeius und Octavian sogleich gelöst.

Sobald Marcellus das jugendliche Alter erreicht hatte, wurde er von Augustus der Öffentlichkeit präsentiert und in die Politik eingeführt. Er begleitete seinen Onkel 26/25 v. Chr. nach Spanien und wurde zusammen mit Tiberius im Jahr 25 v. Chr. mit der Ausrichtung von Spielen beauftragt.[272] Im gleichen Jahr wurde er, „kaum dem Knabenalter entwachsen",[273] mit seiner Cousine Iulia verheiratet (vgl. S. 48). Durch diese Ehe war Marcellus nun nicht mehr nur der Neffe, sondern gleichzeitig der Schwiegersohn des Augustus und musste für ihn und die Öffentlichkeit unweigerlich als möglicher Nachfolger gelten.[274] Diese besondere Stellung wurde durch die

271 Vgl. App. civ. 5,73; vgl. Cass. Dio 48,38,3; 49,11,1.

272 Vgl. Bringmann, Augustus, S. 139. Der gleichaltrige Tiberius wurde in ähnlicher Weise wie Marcellus in der öffentlichen Karriere gefördert, hatte aber im Gegensatz zu Marcellus nicht den Vorteil, blutsverwandt mit Augustus zu sein, vgl. Heuß, Römische Geschichte, S. 317.

273 Suet. Aug. 63,1: *tantum quod pueritiam egresso.*

274 Vgl. Heuß, Römische Geschichte S. 316. Temporini, iulisch-claudische Familie, S. 46, ist der Ansicht, dass Marcus Agrippa als „zweiter Mann"

nachfolgenden außergewöhnlichen Ehrungen und Befugnisse für Marcellus unterstrichen. So durfte er bereits mit 18 Jahren im Senat bei den Prätoren sitzen und erhielt das Sonderrecht, sich zehn Jahre früher als gesetzlich festgelegt um das Amt des Konsuls bewerben zu dürfen.[275] Zudem wurde Marcellus unter die *pontifices* aufgenommen und im Jahr 23 v. Chr. zum Aedil gewählt, also lange vor der gesetzlich festgelegten Altersgrenze.[276] Die offenkundige Herausstellung des Marcellus ähnelte denjenigen Sonderrechten, die Octavian im Jahr 43 v. Chr. zugesprochen wurden, auch wenn die damalige Situation eine völlig andere gewesen war.[277] Die offensichtliche Bevorzugung seines Neffen musste in der Öffentlichkeit als bewusste Maßnahme des Augustus zur Nachfolgeregelung gesehen werden. Durch die Heirat mit Iulia, der einzigen Tochter des Princeps, war Marcellus nunmehr zum „exponiertesten Mitglied des Hauses“ [278] nach Augustus geworden.

Als Augustus im Jahr 23 v. Chr. schwer erkrankte, vermuteten viele, dass Marcellus der Nachfolgekandidat von Augustus war, wie Cassius Dio berichtet.[279] Doch um das Vermögen, die Klientel, den Namen und die *existimatio* des Augustus zu erben, wäre eine Adoption nötig gewesen, die wiederum eine vorherige Scheidung von Iulia erfordert hätte.[280] Da Augustus Marcellus aber nicht adoptierte, liegt die Vermutung nahe, dass er sich noch nicht auf einen Nachfolger festlegen wollte. Zudem war sein Neffe wohl noch zu jung und unerfahren und der Principat noch zu ungefestigt.[281]

---

nach Octavian galt, wohl aufgrund des jugendlichen Alters des Marcellus.

275 Vgl. Bringmann, Augustus, S. 139; vgl. Eck, Augustus, S. 52.

276 Vgl. Tac. ann. 1,3,1; vgl. Cass. Dio 53,28,3.

277 Vgl. Bringmann, Augustus, S. 140.

278 Dettenhofer, Herrschaft und Widerstand, S. 96.

279 Vgl. Cass. Dio 53,30,2; vgl. auch Severy, Augustus and the family, S. 69.

280 Vgl. Dettenhofer, Herrschaft und Widerstand, S. 100f. Wie Severy, Augustus and the family, S. 68, darlegt, wollte Augustus Marcellus wohl 23 v. Chr. adoptieren und damit zum designierten Nachfolger machen, was von Livia und Agrippa verhindert wurde.

281 Vgl. Bringmann, Augustus, S. 140. Augustus übergab seinem Mitkonsul Calupurnius Piso die Staatspapiere und Verzeichnisse über Armeen und Finanzen und schickte seinen Siegelring an Agrippa. Der Princeps hat also Marcellus die Nachfolge zu diesem Zeitpunkt nicht zugetraut und lieber auf seinen fähigsten Feldherren vertraut. Diese Bevorzugung des Agrippa vor Marcellus, dem Blutsverwandten des Augustus, wurde vom Volk Roms verwundert aufgenommen, wie Cass. Dio (53,30,1-4) zu berichten weiß.

Der plötzliche Tod des Marcellus im Jahr 23 v. Chr. infolge einer Krankheit beendete die Spekulationen um eine mögliche Nachfolge jäh. Wie Cassius Dio darlegt, wurde Livia des Mordes an Marcellus verdächtigt, weil jener ihren eigenen Söhnen Drusus und Tiberius vorgezogen worden war.[282] Marcellus wurde im Mausoleum des Augustus beigesetzt. Ein gemeinsames Kind ist aus der zweijährigen Ehe mit Iulia nicht hervorgegangen, wie es sich Augustus für seine Familienpolitik sicherlich erhofft haben wird.

b) Marcella maior

Marcella (circa 43 v. Chr. - ?), die ältere Tochter der Octavia und des Claudius Marcellus, wurde vermutlich im Jahr 28 v. Chr., sobald sie das ehefähige Alter erreicht hatte, mit Marcus Vipsanius Agrippa verheiratet.[283] Jener ließ sich dazu von seiner ersten, sehr vermögenden Gattin Caecilia Attica scheiden, mit der er mindestens eine gemeinsame Tochter hatte. Durch die Ehe des Agrippa mit einer Nichte des Augustus wurde die zunächst militärische Verbindung beider Feldherrn erstmals auch auf familiärer Ebene gefestigt. Wie Cassius Dio darlegt, erwies Octavian seinem Feldherrn Agrippa mit dieser Ehe eine besondere Ehre,[284] denn Agrippa war zwar militärisch erfolgreich aber niedriger Herkunft (vgl. S. 48f.). Mit dieser Heirat verfolgte Octavian die Absicht, seinen Feldherrn und engen Freund Agrippa an sich und seine Familie zu binden, da er bereits als zweiter Mann im Staat galt.[285] Eine, vielleicht sogar zwei Töchter sollen aus dieser Verbindung hervorgegangen sein.[286]

---

282 Vgl. Cass. Dio 53,33,4. Doch entkräftet der Autor diese Vermutung sogleich, indem er darlegt, dass in jenen Jahren viele Menschen starben: *ἐς ἀμφίβολον δ' οὖν ἡ ὑποψία αὕτη καὶ ὑπ' ἐκείνου τοῦ ἔτους καὶ ὑπὸ τοῦ ἔπειτά οὕτω νοσωδῶν γὲνομένων ὥστε πάνυ πολλοὺς ἐν αὐτοῖς ἀπολέσθαί κατέστὴ*. Livia wurde auch des Mordes an Gaius und Lucius Caesar, Agrippa Postumus, Germanicus und Augustus verdächtigt, vgl. Kunst, Livia, S. 279.

283 Vgl. Severy, La Maison, S. 251.

284 Vgl. Cass. Dio 53,1,2.

285 Vgl. Temporini, iulisch-claudische Familie, S. 46; vgl. Bringmann, Augustus, S. 118. Beide waren 28 v. Chr. Konsuln und führten in dieser Funktion zusammen einen Zensus durch.

286 Vgl. Fantham, Julia Augusti, S. 45. Namentlich bekannt ist eine Vipsania Marcella, siehe Syme, Aristocracy, S. 125. Sueton (Aug. 63,1) spricht allgemein davon, dass Agrippa mit Marcella Kinder hatte: *nam tunc Agrippa*

Wie bereits beschrieben, musste sich Marcus Agrippa nach dem frühzeitigen Tod des Claudius Marcellus zwangsweise im Jahr 21 v. Chr. von Marcella scheiden lassen, um Iulia, die einzige Tochter des Princeps, zu ehelichen. Als Kaisertochter konnte Iulia erstens nicht unverheiratet bleiben und musste zweitens mit jemandem vermählt werden, der Augustus nicht gefährlich werden konnte. Marcella maior als Nichte des Princeps stand in der „Rangfolge" hinter Augustus' Tochter Iulia und musste folglich ihren Ehemann an ihre Cousine abtreten.[287]

Da eine geschiedene Frau, die unverheiratet blieb, keine Position in der Gesellschaft inne hatte, musste für Marcella ein neuer Ehemann gefunden werden. So wurde sie noch im gleichen Jahr mit Iullus Antonius, dem jüngsten Sohn des Marcus Antonius und der Fulvia, verheiratet. Iullus wurde, obgleich er ein Sohn des von Octavian besiegten Feldherrn Marcus Antonius war, geehrt und geachtet und in die Familie des Augustus integriert.[288] Plutarch schreibt, dass Iullus Antonius, der im Hause der Octavia groß gezogen wurde, nach Agrippa und nach Livias Söhnen „den dritten Platz inne" hatte.[289] Mit dieser Heirat sollte die Versöhnung mit dem ehemaligen Konkurrenten Marcus Antonius offen gezeigt und beide Familien dynastisch über die nächste Generation miteinander vereinigt werden. Augustus band die Familie seines ehemaligen Rivalen systematisch an seine, zum einen durch die Ehe der Marcella maior mit Iullus Antonius, zum anderen durch die Heirat seines Stiefsohnes Drusus mit Antonia minor (vgl. S. 61). Zwei von drei Kindern, die Antonius mit einer römischen Mutter (Fulvia und Octavia) gezeugt hatte, wurden an die *domus Augusta* gebunden.[290]

Aus der Ehe der Marcella mit Iullus Antonius sollen mehrere Kinder hervorgegangen sein: der Sohn Lucius Antonius, ein weite-

---

alteram Marcellarum habebat et ex ea liberos. Es gibt wohl noch mindestens eine weitere Vipsania, die aus der Verbindung des Agrippa mit Marcella maior (oder Caecilia Attica) stammte, vgl. Syme, Aristocracy, S. 314 (vgl. S.107, Abb. III).

287 Sueton (Aug. 63,1) legt dar, dass Augustus seine Schwester Octavia dazu überreden musste. Plutarch (Ant. 87,2) hingegen berichtet, dass Octavia selbst den Vorschlag zu der Scheidung ihrer Tochter Marcella von Agrippa machte.

288 Cassius Dio (51,15,7) erwähnt, dass Octavian nach dem Sieg über Antonius und Kleopatra öffentlich forderte, dass Iullus das bekomme, was ihm nach dem Tod seiner Eltern laut Gesetz zugestanden hätte.

289 Plut. Ant. 87,1: *Ἀντώνιον δὲ τὸν ἐκ Φουλβίας οὕτω μέγαν ἐποίησεν, ὥστε [...] τρίτον εἶναι καὶ δοκεῖν Ἀντώνιον.*

290 Vgl. Dettenhofer, Herrschaft und Widerstand, S. 147.

rer Sohn (Gaius Antonius) sowie möglicherweise eine Tochter (Iulla Antonia).[291] Iullus war 13 v. Chr. Prätor, im Jahre 10 v. Chr. bekleidete er das Konsulat und im Anschluss war er Prokonsul in der Provinz Asia.[292] Danach hat er jedoch keine weiteren militärischen Aufgaben erhalten, was seine Rolle in Bezug auf die Verschwörung um Iulia maior erklärt (vgl. S. 53). Daraufhin wurde Iullus Antonius im Jahr 2 v. Chr. getötet und sein Sohn Lucius wurde nach Massilia verbannt.[293] Eine weitere Ehe der Marcella maior ist nicht überliefert. Auch ihr Todesjahr ist nicht bekannt. Da sie aber vermutlich drei Kinder hatte, war sie durch die *lex Iulia de maritandis ordinibus* von der Ehepflicht befreit.

c) Marcella minor

Marcella minor (um 39 v. Chr. - ?) war die jüngere Tochter von Octavia und Claudius Marcellus und wurde wie ihre Schwester zweckmäßig verheiratet. Bezüglich ihrer Ehen herrscht jedoch in der Forschung Uneinigkeit. Insgesamt war sie zwei- oder dreimal verheiratet. Syme vermutet, dass eine erste Ehe bereits 25 v. Chr. geschlossen wurde, als Marcella das ehefähige Alter erreicht hatte und begründet diese Vermutung damit, dass es nahezu unmöglich sei, in der Familie des Augustus ein unverheiratetes Mädchen im Alter von 17 oder 18 Jahren ausfindig zu machen.[294] Der Name dieses mutmaßlichen ersten Ehemannes von Marcella minor ist unbekannt (*ignotus*). Syme vermutet, dass es sich hierbei um den Sohn einer Familie gehandelt habe, die bereits mit der Familie der *domus Augusta* verbunden war und schlägt zwei mögliche Personen vor: erstens einen Sohn von L. Marcius Philippus (Suffektkonsul 38 v. Chr.), den Stiefbruder des Octavian, und zweitens M. Appuleius Sex. f. (Konsul 20 v. Chr.), den Sohn von Augustus' Halbschwester Octavia.[295]

291 Vgl. Syme, Revolution, S. 59; vgl. Tac. ann. 4,44.

292 Vgl. Meise, Untersuchungen, S. 23. Velleius (2,100,4) erwähnt zudem ein Priesteramt ohne dieses jedoch zu spezifizieren.

293 Vgl. Cass. Dio 55,10,15; siehe auch Meise, Untersuchungen, S. 16.

294 Vgl. Syme Aristocracy, S. 151. Bayer, Erich: Die Ehen der jüngeren Claudia Marcella, Historia 17 (1968), S. 118-123, S. 119, indes erwähnt in seinem Aufsatz keine solche Eheschließung. Die Erklärung von Syme halte ich jedoch für durchaus schlüssig und sehr wahrscheinlich.

295 Vgl. Syme, Aristocracy, S. 151. L. Marcius Philippus war der Stiefbruder des Octavian aus der zweiten Ehe seiner Mutter Attia, vgl. ebd.

Über die Ehe zwischen Marcella minor und dem römischen Politiker und Senator M. Valerius Messalla Barbatus Appianus gibt es in der Forschung keine Zweifel. Der Vater des Messalla Appianus, Appianus Claudius Pulcher, war im Jahr 38 v. Chr. Konsul und wurde von Marcus Valerius Messalla Rufus, dem Suffektkonsul des Jahres 32 v. Chr., adoptiert.[296] Durch diese Adoption seines Vaters war Messalla Appianus gleich zweifacher Nachkomme eines Patriziers und für Augustus somit eine vorteilhafte Wahl. Die Ehe wurde 14 v. Chr. geschlossen, währte aber nur zwei Jahre, da Messalla Appianus kurz nach seinem Amtsantritt als Konsul 12 v. Chr. verstarb. Zwei Kinder sind aus dieser Ehe hervorgegangen: die Tochter Claudia Pulchra und der Sohn M. Valerius Messalla Barbatus.[297]

In einer weiteren Ehe wurde Marcella minor mit einem Aemilier verheiratet, doch über die Identität dieses Ehemannes gehen die Meinungen auseinander. Man ging ursprünglich davon aus, dass Marcella um 16/15 v. Chr. mit dem über 50 Jahre alten Paullus Aemilius Lepidus, dem Suffektkonsul des Jahres 34 v. Chr. und Zensor des Jahres 22 v. Chr., verheiratet wurde.[298] Paullus Aemilius Lepidus war der Neffe des Triumvirn Lepidus und zunächst Anhänger des Antonius, bevor er auf die Seite des Octavian im Kampf gegen Sextus Pompeius trat.[299] Paullus war Vater von drei Kindern und seit kurzem Witwer, da seine Frau Cornelia gestorben war.[300] Aus der Ehe der Marcella mit Paullus ist vermutlich ein gemeinsamer Sohn, Paullus Aemilius Paulli f. Regillus, und eine Tochter, Marcella Paulli, entstanden.[301]

Syme argumentiert diesbezüglich, dass der Zeitraum von drei Jahren zwischen dem Beginn der Ehe mit Paullus und dem Ende der Ehe mit Messalla Appianus für das Gebären von wenigstens drei Kindern sehr knapp sei.[302] Auch Bayer ist „angesichts solchen Überschwangs gelehrter Phantasie“[303] misstrauisch bezüglich des Ehegatten und vermutet daher, dass Marcella minor nie mit dem Zensor Paullus Aemilius Lepidus verheiratet gewesen ist, sondern mit des-

296 Vgl. ebd., 147.

297 Vgl. Bayer, Marcella, S. 119.

298 Vgl. ebd.; vgl. Syme, Aristocracy, S. 147.

299 Vgl. Syme, Aristocracy, S. 109.

300 Cornelia war die Tochter von P. Cornelius Scipio und Scribonia, der ehemaligen Gattin des Octavian, vgl. Kunst, Livia, S. 161.

301 Vgl. Syme, Aristocracy, S. 150.

302 Vgl. ebd., S. 148.

303 Bayer, Marcella, S. 119.

sen Sohn, L. Aemilius Paullus.[304] Dadurch ergibt sich für den Autor folgendes Bild: Marcella wurde bereits um 20 v. Chr. mit Messalla Appianus vermählt, woraus die zwei genannten Kinder, Claudia Pulchra und Messalla Barbatus, hervorgegangen sind; nach dessen Tod im Jahr 12 v. Chr. heiratete Marcella schließlich in zweiter Ehe L. Aemilius Paullus, den Konsul des Jahres 1 n. Chr.[305] Von diesem wurde Marcella sodann im Jahr 5 oder 4 v. Chr. geschieden, damit jener Iulia minor, die Enkelin des Augustus, heiraten konnte (vgl. S. 79) und blieb fortan unvermählt.[306] Syme hegt an dieser Theorie dahingehend Zweifel, dass der Altersunterschied zwischen Marcella minor und L. Aemilius Paullus zu groß gewesen sei, da Marcella mindestens sieben Jahre älter war.[307] Für ihn kommt daher nur eine Lösung in Frage, nämlich dass Marcella zuerst mit Messalla Appianus und nach dessen Tod 12 v. Chr. mit dem Zensor Paullus Aemilius Lepidus verheiratet wurde, da letzterer nicht bereits 15 oder 14 v. Chr. verstarb, sondern bedeutend länger gelebt hatte.[308]

Drei Theorien zu den Ehen der Marcella minor stehen sich nunmehr gegenüber: 1. die anfängliche Annahme, dass Marcella erst mit dem Zensor Paullus Aemilius Lepidus und dann mit Messalla Appianus verheiratet war,[309] 2. die von Bayer erörterte These, dass Marcella erst mit Messalla Appianus und dann mit L. Aemilius Paullus, dem Konsul des Jahres 1 n. Chr., verheiratet war und 3. die von Syme dargelegte Vermutung, dass Marcella nach einer Ehe mit einem Unbekannten (*ignotus*) zunächst mit Messalla Appianus und anschließend mit dem Zensor Paullus Aemilius Lepidus verheiratet war. Auch wenn keine Theorie endgültig zu belegen ist, kann für

---

304 Vgl. ebd., S. 120. Der Autor erklärt dies damit, dass der Name zweier Inschriften, *Marcella Paulli*, sowohl auf den Ehemann Paullus Aemilius Lepidus als auch auf den Ehemann L. Aemilius Paullus zurückgeführt werden kann, vgl. ebd.

305 Vgl. ebd., S. 121f.

306 So wie ihre Schwester Marcella maior sich von ihrem Ehemann Agrippa trennen musste, damit dieser Iulia, die Tochter des Augustus, ehelichen konnte, vgl. ebd., S. 121.

307 Vgl. Syme, Aristocracy, S. 148.

308 Zu den Belegen siehe ebd., S. 150.

309 Um die sehr kurze Zeit von drei Jahren für mindestens drei Kinder zu umgehen, werden von einigen Historikern für Claudia Pulchra als Eltern Marcella maior und P. Claudius Pulcher vorgeschlagen; die Ehe sei vor der Ehe der Marcella maior mit Agrippa geschlossen worden. An dieser Variante kritisiert Syme, Aristocracy, S. 149, dass 1. nirgends ein Hinweis bestehe, dass Marcella bereits vor 43 v. Chr. geboren worden ist und 2. die These, dass Agrippa und Marcella maior verheiratet wurden, sobald sie das entsprechende Alter dafür hatte, logisch erscheint.

alle drei Varianten eine gemeinsame Schlussfolgerung gezogen werden, nämlich dass durch diese Eheschließungen das Kaiserhaus sowohl mit der Familie der Valerier als auch mit der Familie der Aemilier - beides bedeutende patrizische Familien der Römischen Republik - familiär verbunden wurde, was für Augustus eine wichtige Grundlage für seine Herrschaft darstellte.

d) Antonia maior

Antonia maior (39 v. Chr. - ?) war die ältere Tochter der Octavia und des Marcus Antonius. Sie wurde etwa 25/24 v. Chr. - zeitlich vergleichbar mit der Eheschließung ihrer Cousine Iulia und Marcellus - mit L. Domitius Ahenobarbus verheiratet.[310] Antonia wurde noch zu Lebzeiten ihres Vaters Marcus Antonius mit L. Domitius Ahenobarbus verlobt, da dessen Vater Gnaeus Domitius Ahenobarbus ein treuer Anhänger des Triumvirn war.[311] Die von Antonius während der Zeit der Bürgerkriege geschlossene Verlobung wurde nunmehr von Augustus durch eine Ehe bestätigt. Ahenobarbus war nämlich Mitglied einer exklusiven römischen Familie, sodass mit dieser familiären Verbindung ein Träger mit bedeutendem Namen an die kaiserliche Familie gebunden wurde.[312] Auch für Ahenobarbus war die Heirat mit Antonia von Vorteil, war er doch durch die Ehe mit einer Nichte des Princeps näher an Macht und Einfluss als zuvor. Der Ehe entstammten drei Kinder: die Tochter Domitia, der Sohn Gnaeus Domitius Ahenobarbus und eine weitere Tochter Domitia Lepida. Der letzte Kaiser der iulisch-claudischen Dynastie, Nero, war der Enkel von Domitius Ahenobarbus und gleichzeitig der letzte Nachfahre der *Domitii Ahenobarbi*.[313] Antonia und ihr Ehemann Ahenobarbus sind zudem auf dem *ara pacis* mit zwei klei-

---

310 Vgl. Syme, Aristocracy, S. 155.

311 Vgl. App. civ. 5,93. Gnaeus Domitius Ahenobarbus, Konsul des Jahres 32 v. Chr., war einst Republikaner und später Anhänger des Antonius gewesen, bevor er kurz vor der Schlacht bei Actium zu Octavian übertrat, vgl. Cass. Dio 50,2,2; vgl. Vell. 2,84,2; vgl. Tac. ann. 4,44,2; vgl. App. civ. 5,50.

312 Vgl. Bayer, Marcella, S. 119. Möglicherweise war Ahenobarbus sogar mit den *Aemilii* verwandtschaftlich verbunden, denn Syme, Aristocracy, S. 113, vermutet, dass seine Mutter Lepida eventuell die Schwester von Paullus dem Zensor, dem Ehemann von Marcella minor, war.

313 Vgl. Syme, Revolution, S. 522.

nen Kindern abgebildet: „Ahenobarbus [...] stands prominent in a procession on the altar of *Pax Augusta.*"[314]

Ahenobarbus durchlief in kurzer Zeit den *cursus honorum*: er war 24 v. Chr. Quästor, 22 v. Chr. Aedil und 16 v. Chr. Konsul. Anschließend hatte er ein Prokonsulat in Africa, war Statthalter in Illyrien und hatte von 6 v. Chr. bis 1 n. Chr. ein Kommando über die Rheinarmee in Germanien inne.[315] Aufgrund seiner außergewöhnlichen militärischen Erfolge in Germanien erhielt Ahenobarbus die Triumphalinsignien. Nach dem frühen Tod von Gaius Caesar, dem Enkel und Adoptivsohn des Augustus, im Jahr 4 n. Chr. befürchteten einige, dass Ahenobarbus nunmehr in seiner Position aufsteigen würde und als möglicher Nachfolger des Augustus in Frage käme, da er militärisch begabt und zudem durch die Ehe mit einer Nichte des Princeps dynastisch mit dem Kaiserhaus verbunden war.[316] Ahenobarbus war scheinbar nicht sehr beliebt gewesen; glaubt man Sueton, war er hochmütig, verschwenderisch und grausam und „zwang als Ädil den Zensor Lucius Plancus, ihm auf der Straße Platz zu machen."[317]

Domitius Ahenobarbus verstarb 25 n. Chr., das Todesjahr von Antonia maior ist indes nicht bekannt. Da weder weitere Ehen noch weitere Kinder bekannt sind, ist davon auszugehen, dass diese Ehe bis zum Tod eines Partners bestanden haben muss.

e) Antonia minor

Antonia minor (36 v. Chr. - 37 n. Chr.) war die jüngere Tochter des Triumvir Marcus Antonius und der Octavia und wurde im Jahr 16 v. Chr. mit Drusus verheiratet, dem Sohn der Livia und Stiefsohn des Princeps (vgl. S. 61).[318] Antonia war zu diesem Zeitpunkt schon 20 Jahre alt, hatte also das Alter, in dem aristokratische Frauen gewöhnlich heirateten, bereits überschritten. Möglicherweise hatte

---

314 Syme, Aristocracy, S. 79. Zum Bildprogramm des *ara pacis* siehe Michael Stahl: Botschaften des Schönen, Stuttgart 2008.

315 Vgl. Tac. ann. 4,44,2; vgl. Syme, Aristocracy, S. 290 und S. 318.

316 Vgl. Syme, Aristocracy, S. 341.

317 Suet. Ner. 4: *Verum arrogans, profusus, immitis Censorem L. Plancum via sibi decedere aedilis coegit.* Velleius (2,72,3) hingegen gibt eine positive Darstellung des Ahenobarbus: *eminentissimae ac nobilissimae simplicitatis viri.*

318 Vgl. Plut. Ant. 87,3.

Augustus sie nicht schon früher verheiratet, weil sie längst für Drusus vorgesehen war.[319]

Antonia war scheinbar sehr beliebt gewesen. Plutarch berichtet, dass sie wegen ihrer Sittsamkeit und Schönheit berühmt war.[320] Ferrero charakterisiert Antonia als die „vornehmste und edelste unter all den Frauen, die in der [...] Geschichte der Nachkommen Cäsars eine Rolle spielen."[321] Kokkinos schwärmt, Antonia sei neben Livia „the greatest lady the Empire ever produced."[322] So galt auch die Ehe zwischen Antonia und Drusus beim römischen Volk als ideale Beziehung zwischen Mann und Frau.[323] Antonia gebar, wie es sich für eine mustergültige Ehefrau ziemte, mehrere Kinder, wovon jedoch nur drei überlebten: Germanicus, Livilla (Livia Iulia) und der spätere Kaiser Claudius.

Nach dem plötzlichen, frühzeitigen Tod ihres Ehemannes Drusus 9 v. Chr. heiratete Antonia minor kein zweites Mal. Wie Temporini erklärt, weigerte sie sich, trotz der Aufforderung des Augustus, eine neue Ehe einzugehen.[324] Antonia minor blieb mit 27 Jahren Witwe eines einzigen Mannes (*univira*), womit sie den moralischen Vorstellungen eines Großteils der römischen Aristokratie nachkam, denn die Wiederverheiratung von Witwen widersprach in der Römischen Republik den Wertvorstellungen, vor allem in senatorischen Kreisen.[325] Wie Fantham statt dessen mutmaßt, wurde diese Weigerung zur neuen Eheschließung eher als seltsam empfunden, da Antonia erst Ende 20 war.[326] Zudem missachtete sie die Ehegesetze des Augustus, die ein Ehegebot für Frauen bis zum 50. Lebensjahr vorsahen. Wie Ferrero darlegt, hat Augustus in Bezug auf seine Nichte eine Ausnahme gemacht, obwohl er sonst „ein wachsames Auge auf die Beachtung des Ehegesetzes in seiner eigenen Familie hatte."[327] Da Antonia bereits drei Kinder geboren hatte, war ihre

---

319 Vgl. Kokkinos, Antonia Augusta, S. 11. Syme, Aristocracy, S. 37, vermutet, dass Livia möglicherweise Antonia für ihren Sohn Drusus aufbewahren konnte: „[Antonia] was kept in reserve by Livia (so it may conjectured) for Nero Drusus."

320 Plut. Ant. 87,3: „[...] die andere, die wegen ihrer Sittsamkeit und ihrer Schönheit berühmte Antonia [bekam] Drusus".

321 Ferrero, Frauen der Cäsaren, S. 66.

322 Kokkinos, Antonia Augusta, S. 4.

323 Vgl. Ferrero, Frauen der Cäsaren, S. 66.

324 Vgl. Temporini, iulisch-claudische Familie, S. 65.

325 Vgl. Kokkinos, Antonia Augusta, S. 15f.; vgl. Temporini, iulisch-claudische Familie, S. 65.

326 Vgl. Fantham, Julia Augusti, S. 84.

327 Ferrero, Frauen der Cäsaren, S. 67. So musste auch seine Schwester

Position zudem durch das *ius trium liberorum* gestärkt. Severy begründet die Witwenschaft der Antonia damit, dass kein Mann innerhalb der Familie im ehefähigen Alter vorhanden gewesen sei, der Antonia hätte heiraten können: Tiberius war gebunden und der nächste männliche Nachfolger Gaius war erst elf Jahre alt.[328] Dem entgegen spricht jedoch die Tatsache, dass auch ihre Schwester Antonia maior mit einem römischen Aristokraten (Ahenobarbus) verheiratet wurde. Es gab sicherlich einige politisch oder militärisch erfolgreiche Adlige außerhalb der Familie des Augustus, die als potentielle Ehemänner für Antonia in Frage gekommen wären. Für die dynastische Politik des Princeps war es eher unüblich, eine nahe Verwandte unverheiratet zu lassen. Eine mögliche Erklärung dafür könnte sein, dass Augustus die Witwe seines bevorzugten Stiefsohnes Drusus in besonderer Weise auszeichnen wollte.

Antonia minor lebte fortan im Haus ihrer Schwiegermutter auf dem Palatin und befasste sich als junge Witwe mit der Erziehung ihrer drei Kinder und der Kinder von anderen Familienmitgliedern. Nach dem Tod der Octavia wurde Antonia „die zweite Dame des Reiches nach Livia."[329]

* * * *

Da Augustus nur ein leibliches Kind hatte, nutzte er die Kinder seiner Schwester Octavia für seine familienpolitischen Zwecke. Sein Neffe Marcellus wurde, da er anfänglich der einzige männliche Nachkomme der Iulier gewesen war, in besonderer Weise herausgehoben, indem er mit Augustus' einziger Tochter Iulia verheiratet wurde. Aber auch für seine vier Nichten wählte der Princeps die Ehemänner gezielt aus: Marcella maior ehelichte mit Marcus Agrippa einen guten Freund des Augustus und anschließend mit Iullus Antonius den Sohn eines ehemaligen Feindes des Princeps, Marcella minor heiratete mit M. Valerius Messalla Barbatus Appianus und mit Paullus Aemilius Lepidus (beziehungsweise L. Aemilius Paullus) jeweils ein Mitglied der römischen Aristokratie so wie auch Antonia maior mit L. Domitius Ahenobarbus. Nur Antonia minor wurde mit einem Familienmitglied verheiratet. Für Augustus machte es keinen Unterschied, ob seine Nichten von Claudius Marcellus

---

Octavia nach der Scheidung von Antonius nicht wieder heiraten (vgl. S. 49).

328 Vgl. Severy, Augustus and the family, S. 67.

329 Temporini, iulisch-claudische Familie, S. 65.

oder Marcus Antonius abstammten, denn alle vier hatten durch ihre Mutter Octavia iulisches Blut.

Augustus verstand es, durch die exogamen Eheschließungen bedeutende römische Adelsfamilien an sich zu binden. Zudem gab es für seine Nichten nicht ausreichend potentielle Ehepartner innerhalb der eigenen Familie.

6 Vermählungen der Enkel und Enkelinnen

a) Gaius und Lucius Caesar[330]

Gaius Caesar (20 v. Chr. - 4 n. Chr.) und Lucius Caesar (17 v. Chr. - 2 n. Chr.) waren die Söhne von Iulia und Agrippa und wurden gemeinsam im Jahr 17 v. Chr. von Augustus adoptiert, da er mit ihnen „Großes vorhatte", wie Temporini anführt.[331] Dies war ungewöhnlich früh, denn Gaius war gerade erst vier Jahre und Lucius weniger als ein Jahr alt.[332] Wie Cassius Dio berichtet, erhoffte sich Augustus von diesen Adoptionen, weniger Anschläge auf seine Person fürchten zu müssen.[333] Die Adoptionen sind als weiterer Schritt zur Etablierung einer iulischen (iulisch-claudischen) Dynastie zu werten, das heißt Augustus wollte eine erbliche Monarchie begründen.[334] Die Adoptionen waren deshalb so wichtig, weil Gaius und Lucius zwar über ihre Mutter Iulia mit Augustus blutsverwandt waren, also zur *domus Augusta* gehörten, aber erst durch die Adoption wurden sie ein Teil der *familia*,[335] gehörten also zur *gens* der Iulier. Zudem rückten Gaius und Lucius mit der Adoption näher an Augustus' Erbe, was die Möglichkeit einer späteren Nachfolge vergrö-

330 Da beide ähnliche Lebensdaten und vergleichbare Biografien aufweisen, werden sie gemeinsam behandelt. Der dritte Enkel des Augustus, Agrippa Postumus, folgt gesondert im Anschluss.

331 Temporini, iulisch-claudische Familie, S. 67.

332 Vgl. Cass. Dio 54,18,1. Normalerweise wurden keine kleinen Kinder adoptiert; Gaius und Lucius hatten noch nicht das Mannesalter erreicht, was ungewöhnlich war, vgl. Fantham, Julia Augusti, S. 92.

333 Vgl. Cass. Dio 54,18,1.

334 Vgl. Dettenhofer, Herrschaft und Widerstand, S. 145. Dies propagiert er auf den bereits erwähnten Münzen (vgl. Anm. 201), auf denen Iulia zusammen mit ihren Söhnen auf dem Revers abgebildet ist (RIC 404 und 405, vgl. S. 107, Abb. III).

335 Vgl. ebd., S. 147.

ßerte. Der Princeps hatte zum Zeitpunkt der Adoptionen kaum noch Hoffnung, dass ihm seine Frau Livia einen eigenen Sohn schenken würde, da sie bereits über 40 Jahre alt war.[336] Eine weitere mögliche Begründung für die frühen Adoptionen bietet Severy, indem sie darlegt, dass Augustus durch die Adoption drei „eigene" Kinder vorweisen und damit als gutes Beispiel für seine im Jahr zuvor erlassene *lex Iulia de maritandis ordinibus* auftreten konnte.[337] Wie Kunst darlegt, wurde die Adoption des Gaius und Lucius in einem der Öffentlichkeit nicht zugänglichen Raum - vor dem Ehebett des Augustus - vollzogen (*adoptio*), um deutlich zu machen, dass die adoptierten Söhne tatsächlich seinem Bett entstammten.[338]

Augustus machte seine Adoptivsöhne in der Folgezeit dem Volk in Rom bekannt, zum einen durch die sorgfältige Planung und kontrollierte Durchführung diverser Festauftritte und zum anderen in den Provinzen, indem er Münzen mit ihren Porträts prägen ließ.[339] Denn sein Hauptanliegen bestand in der wirkungsvollen Präsentation seiner Adoptivsöhne als zukünftige Erben und präsumtive Nachfolger.[340] Gaius leitete zusammen mit Tiberius im Jahr 13 v. Chr. das Trojaspiel und wurde 8 v. Chr. den Rheinlegionen als persönlicher Begleiter des Augustus gezeigt, was in Lugdunum (Lyon) geprägte Münzen zusätzlich propagieren.[341] Als Augustus im Jahre 5 v. Chr. das Amt des Konsuls inne hatte, wurde Gaius dem Senat vorgestellt, erhielt die *toga virilis* und den Ehrentitel *princeps iuventutis*.[342] Zudem wurde er zum Konsul für das Jahr 1 n. Chr. designiert, also im Alter von erst 20 Jahren. Lucius erhielt wie sein Bruder im Jahr 2 v. Chr. die *toga virilis*, den Titel *princeps iuventutis* und die Designation zum Konsul. Im selben Jahr wurden für beide Münzen in Lugdunum geprägt.[343]

---

336 Vgl. Cass. Dio 54,18,1.

337 Vgl. Severy, Augustus and the family, S. 71. Die Autorin ist der Ansicht, dass Augustus mit den Adoptionen Gaius und Lucius nicht automatisch zu seinen präsumtiven Nachfolgern machte, sondern die Nachfolgefrage offen hielt, da auch Tiberius politisch und militärisch gefördert wurde, vgl. ebd.

338 Vgl. Kunst, Livia, S. 130.

339 Vgl. Fantham, Julia Augusti, S. 97.

340 Vgl. Zanker, Macht der Bilder, S. 218.

341 RIC 198 und 199 (vgl. S. 107, Abb. III). Die Münzstätte Lugdunum stand unter der Verwaltung des Princeps.

342 Vgl. Cass. Dio 55,9,9; vgl. RG 14; vgl. auch Eck, Augustus, S. 111.

343 RIC 205-211 (vgl. S. 107, Abb. III). Auf dem Revers sind Gaius und Lucius stehend mit Speeren und Schilden dargestellt, darüber Simpulum und Lituus.

Neben einer intensiven politischen Förderung seiner Adoptivsöhne Gaius und Lucius, überließ Augustus auch im familiären Bereich nichts dem Zufall und wählte die Ehegattinnen gezielt aus. Lucius wurde mit Aemilia Lepida verlobt, einer Enkelin des ehemaligen Triumvirn Lepidus und gleichzeitig Urenkelin von L. Sulla und Gaius Pompeius Magnus.[344] Mit dieser Verlobung konnte Augustus zwei Linien der patrizischen Familie der *Aemilii Lepidii* an sich binden, die auf den Konsul von 78 v. Chr. Marcus Aemilius Lepidus zurückgingen.[345] Die Wahl der Aemilia Lepida für Lucius verdeutlicht, dass Augustus darauf bedacht war, die römische Aristokratie zu beschwichtigen und gleichzeitig den Aktionsraum seiner eigenen politischen Allianzen zu vergrößern.[346] Gaius wurde mit der Claudierin Livia Iulia (vgl. S. 86f.), der Tochter des Drusus und der Antonia minor, im Jahr 1 v. Chr. verheiratet. Mit der Wahl der Livilla für Gaius und Aemilia Lepida für Lucius hatte Augustus bewusst Ehefrauen aus dem besten römischen Adel ausgewählt, da politische Stabilität unerlässlich für die weitere Herrschaft und vor allem für die mögliche Nachfolge seiner Enkel war. Im Gegensatz zu seinem Bruder Lucius wurde Gaius in einer endogamen Ehe verheiratet. Gaius galt nach der Scheidung des Tiberius von Iulia als zweiter Mann im Staat und sollte durch diese Ehe in seiner Position zusätzlich gestärkt werden, besonders wenn er in den Provinzen das Kaiserhaus vertrat.[347] Mit der Ehe zwischen Gaius und Livilla wurde innerhalb der zweiten Generation der *domus Augusta* die Verbindung zwischen Iuliern und Claudiern erneut gestärkt, wie einst durch die Ehe zwischen Tiberius und Iulia.

Die Enkel von Augustus wurden nun, nach der politischen Förderung in Rom und der Absicherung im familiären Bereich, mit militärischen Aufgaben betraut.[348] Kurz nach der Verlobung mit Aemilia Lepida brach Lucius zu einer Expedition nach Hispanien auf, wo er in Massilia (heutiges Marseille) im August des Jahres 2 n.

---

344 Vgl. Tac. ann. 3,22,1. Ihre Mutter war eine Cornelia, Tochter von Faustus Sulla und Pompeia, ihr Vater möglicherweise ein gewisser Q. Aemilius Lepidus, vgl. Syme, Revolution, S. 304.

345 Vgl. Syme, Revolution, S. 699 (Stammbaum).

346 Vgl. Syme, Aristocracy, S. 112.

347 Vgl. Temporini, iulisch-claudische Familie, S. 68. Cassius Dio (55,10,18) legt dar, dass Gaius die Krise in Armenien beseitigen sollte, wozu Augustus ihm zum einen ein *imperium* verliehen hatte und zum anderen eine Frau gab, die sein Ansehen erhöhen sollte.

348 Kunst, Livia, S. 135, vermutet, dass Augustus möglicherweise eine Doppelspitze in der Nachfolge vorsah. Auch Bringmann, Augustus, S. 231, nimmt an, dass Augustus eine gemeinsame Herrschaft seiner Enkel vorsah, ähnlich wie einst die von sich und Agrippa.

Chr. nach kurzer Krankheit verstarb. Gaius begab sich im Jahr seiner Eheschließung als Kommandeur nach Armenien und Parthien. Doch bereits zwei Jahre später starb er an den Folgen einer Verwundung auf der Rückreise von Armenien in Limyra (in der heutigen Südtürkei).[349] Der Princeps, der alle Hoffnungen auf die Nachfolge seiner beiden leiblichen Enkel und Adoptivsöhne Gaius und Lucius gesetzt hatte, soll den Tod beider wohl nie ganz verkraftet haben.[350] Beim Tod des Gaius und Lucius fiel, so wie einst bei Marcellus, der Verdacht auf Livia,[351] die sich ihren Sohn Tiberius als Nachfolger wünschte, der etwa zur gleichen Zeit aus seinem freiwillig gewählten Exil zurückgekehrt war (vgl. S. 59).

b) Agrippa Postumus

Agrippa Postumus (12 v. Chr. - 14 v. Chr.) war der jüngste Sohn der Iulia und des Marcus Agrippa. Im Gegensatz zu seinen Brüdern Gaius und Lucius hatte man an seiner Begabung erhebliche Zweifel, sodass ihm niemand wirkliche Beachtung oder Förderung zukommen ließ.[352] Wie Cassius Dio schildert, hatte Agrippa Postumus eine Sklavengesinnung, war meistens nur mit Fischfang beschäftigt und bekam oft Wutanfälle.[353] Tacitus charakterisiert ihn ferner als einen Mann, „der bar jeglicher höheren Bildung war und dummdreist auf seine Körperkraft pochte."[354]

Im Jahr 4 n. Chr. wurde Agrippa Postumus zusammen mit Tiberius von Augustus adoptiert und kam damit ebenso als möglicher Nachfolger in Frage. Temporini begründet diesen Schritt des Augustus damit, dass Agrippa als letzter überlebender Enkel des Princeps durch die Adoption in das kaiserliche Gefüge integriert wurde und so gleichzeitig der Kontrolle und Autorität des Augus-

349 Vgl. Bringmann, Augustus, S. 234.

350 Vgl. Temporini, iulisch-claudische Familie, S. 69. RG 14: *Filios meos, quos iuvenes mihi eripuit Fortuna* [...].

351 Vgl. Cass. Dio 55,10a,10 (vgl. S. 67).

352 Vgl. Temporini, iulisch-claudische Familie, S. 69f.

353 *τὸν δὲ δὴ Γερμανικόν ἀλλ' οὐτὸν Ἀγρίππαν ἐπὶ τὸν πόλεμον ἐξέπεμψεν ὅτι δουλοπρεπής τε ἐκεῖνος ἦν καὶ τὰ πλεῖστα ἡλιεύετό ὅθενπερ καὶ Ποσειδῶνα ἑαυτὸν ἐπωνόμαζέ τῇ τε ὀργῇ προπετεῖ ἐχρῆτό καὶ τὴν Λιουίαν ὡς μητρυιὰν διέβαλλειν αὐτῷ τε τῷ Αὐγούστῳ πολλάκις ὑπὲρ τῶν πατρῴων ἐπεκάλει* (Cass. Dio 55,32,2).

354 Tac. ann. 1,3,4: *rudem sane bonarum artium et robore corporis stulide ferocem.*

tus unterstand.[355] Denn Agrippa Postumus gehörte rechtlich zur Familie der Vipsanier und stand mit dem Tod seines Vaters Agrippa unter niemandes *potestas* mehr.[356]

Trotz der Adoption wurden Agrippa nicht die gleichen Ehrungen wie einst seinen Brüdern Gaius und Lucius zugesprochen. So erhielt er zwar im Jahr 6 n. Chr. die *toga virilis*, wurde aber weder bei den Armeen vorgestellt noch mit dem Ehrentitel *princeps iuventutis* ausgezeichnet.[357] Auch sah sich Augustus nicht veranlasst, eine Gattin für Agrippa auszuwählen, obwohl er nun der (Adoptiv-) Sohn des Princeps und damit potentieller Nachfolger war. Die Zurücksetzung des Agrippa gegenüber seinen verstorbenen Brüdern Gaius und Lucius war nicht zu übersehen.

Bereits kurze Zeit später, im Jahr 6 oder 7 n. Chr., fiel Agrippa Postumus beim Kaiser in Ungnade und wurde, wie zuvor seine Mutter Iulia maior und seine Schwester Iulia minor, in die Verbannung geschickt. Die Zurückweisung des Agrippa erfolgte in zwei Schritten: zuerst wurde er von Rom nach Surrentum (Sorrent) verwiesen, doch bereits kurze Zeit später endgültig ins Exil nach Planasia geschickt und per Senatsbeschluss enterbt.[358] Vielleicht war eine Verschwörung zusammen mit seiner Schwester Iulia minor und dessen Mann Lucius Aemilius Paullus (vgl. S. 80) ausschlaggebend für die Verbannung des Agrippa Postumus. Jedenfalls wird deutlich, dass Augustus seinen jüngsten Enkel Agrippa weder politisch oder militärisch gefördert hat noch eine vorteilhafte Ehe arrangierte, weil er für ihn nicht als möglicher Nachfolgekandidat in Frage kam. Die Verbannung sollte die Rolle des Tiberius als Nachfolger des Augustus nachdrücklich demonstrieren,[359] denn mit der Abschiebung des Agrippa hatte Augustus sich offenbar für Tiberius entschieden.[360]

Kurz nach dem Tod des Augustus wurde Agrippa Postumus getötet, wobei als potentielle Anstifter Augustus, Livia und Tiberius in Frage kommen.[361] Der Grund für den Mord kann nur darin be-

---

355 Vgl. Temporini, iulisch-claudische Familie, S. 76.

356 Vgl. Kunst, Livia, S. 176.

357 Vgl. Syme, Aristocracy, S. 113; vgl. Cass. Dio 55,22,4.

358 Vgl. Severy, Augustus and the family, S. 196; vgl. Auch Kunst, Livia, S. 177. Agrippa wurde durch den Einzug des Vermögens zum Staatsfeind, vgl. Tac. ann. 1,6,1. Sein Vermögen wurde der Militärkasse zugetragen, vgl. Cass. Dio 55,32,2.

359 Vgl. Severy, Augustus and the family, S. 196f.

360 Vgl. Temporini, iulisch-claudische Familie, S. 72.

361 Vgl. Suet. Tib. 22; vgl. Tac. ann. 1,6.

standen haben, dass Agrippa Postumus als leiblicher Enkel des Augustus trotz der Verbannung und Enterbung immer noch eine potentielle Gefahr für Tiberius darstellte, die unterdrückt und beseitigt werden musste.

c) Iulia minor

Iulia minor (eigentlich Vipsania Iulia, 18 v. Chr. - 28 n. Chr.) war die Tochter von Marcus Agrippa und Iulia, der Tochter des Augustus. Sie wurde 4 v. Chr., sobald sie das ehefähige Alter erreicht hatte, mit ihrem entfernten Cousin Lucius Aemilius Paullus verheiratet.[362] Dieser war der Sohn von Paullus Aemilius Lepidus und Cornelia, die wiederum als Tochter von P. Cornelius Scipio und Scribonia, der zweiten Frau des Augustus, gleichzeitig die Halbschwester von Iulia maior war.[363] Paullus stellte als Mitglied der vornehmen patrizischen Familie der Aemilier, einem der ersten römischen Adelsgeschlechter,[364] eine gute Wahl für Augustus' Enkelin dar. Mit der Verlobung zwischen Lucius und Aemilia Lepida (vgl. S. 76) kurze Zeit später hatte der Princeps in zweifacher Weise die Familie der Aemilier dynastisch an sich gebunden, um so mögliche feindliche Ambitionen zu verhindern.

Im Zuge der Verheiratung wurde Paullus ein Altersnachlass für die Bewerbung um das Konsulat gewährt,[365] welches er schließlich gemeinsam mit Gaius, dem Bruder von Iulia minor, im Jahr 1 n. Chr. antrat. Nach seinem Konsulatsjahr bekam er jedoch keine Provinz oder besondere Aufgabe zugesprochen, bekleidete weder eine militärische Position noch ein bürgerliches Amt.[366] Als Lucius auf dem Weg nach Spanien 2 n. Chr. verstarb, vermutete man, dass Paullus diese Aufgabe übernehmen werde oder ihm ein anderes Heer unterstellt werde, was jedoch nicht geschah.[367] Fantham gibt als Begründung an, dass Augustus kein Interesse daran gehabt hätte, die Karriere von weniger nahen Verwandten zu fördern,[368] da

---

362 Dieser war eventuell vorher mit Marcella minor verheiratet gewesen (vgl. S. 68); vgl. Syme, Aristocracy, S. 125.

363 Vgl. ebd., S. 265.

364 Vgl. Ferrero, Frauen der Cäsaren, S. 72.

365 Vgl. Syme, Aristocracy, S. 125.

366 Vgl. Fantham, Julia Augusti, S. 109; vgl. Syme, Aristocracy, S. 113.

367 Vgl. Syme, Aristocracy, S. 113.

368 Vgl. Fantham, Julia Augusti, S. 109.

der Princeps innerhalb seiner Familie nunmehr genügend männliche Mitglieder hatte, die als präsumtive Nachfolger in Frage kämen.

Paullus wurde, da er wohl gegen Augustus oder Tiberius eine Verschwörung anzustiften versuchte, im Jahr 8 n. Chr. wegen Majestätsverbrechen verurteilt und getötet oder verbannt.[369] Seine Frau Iulia wurde ebenfalls in die Verbannung geschickt, wobei der offizielle Tatbestand *adulterium* lautete.[370] Der (angebliche) Ehebrecher D. Iunius Silanus musste sich aus der Nähe des Augustus fern halten und ging freiwillig ins Exil.[371] Diese milde Bestrafung des Ehebrechers Silanus und gleichzeitig sehr harte Bestrafung der Iulia minor deutet darauf hin, dass die Anklage wegen Ehebruchs lediglich vorgeschoben war und ein politischer Hintergrund, nämlich eine geplante Verschwörung, die entscheidende Rolle gespielt hat.[372] Sowohl Paullus als auch seine Frau Iulia fühlten sich möglicherweise von Augustus zurückgesetzt, da sie in der Nachfolgeregelung des Princeps nicht berücksichtigt wurden. Wie Meise vermutet, war Paullus sich seiner adligen Abstammung bewusst und konnte sich den Iuliern und Claudiern ebenbürtig fühlen.[373] Auch Iulia wusste um ihre Position als Enkelin des Princeps. So konnte sich jene Gruppierung um Iulia und ihren Mann Paullus bilden, die augenscheinlich gegen Tiberius als möglichen Nachfolger des Augustus gerichtet war. Es wurden zahlreiche weitere Personen aus der Umgebung der mutmaßlichen Verschwörer verbannt oder getötet.[374]

---

369 Vgl. Tac. ann. 3,24,2; Kunst, Livia, S. 178, spricht von einer Hinrichtung. Syme, Aristocracy, S. 412, vermutet eine Verbannung, da er unter Verweis auf eine Inschrift, in der ein *Lucius Aemilius Paullus* als Arvalbruder bezeichnet wird, den frühzeitigen Tod ausschließt.

370 Vgl. Meise, Untersuchungen, S. 35ff., vgl. Syme, Revolution, S. 447.

371 Vgl. Mette-Dittmann, Ehegesetze, S. 98. Augustus kündigte ihm die Freundschaft, was im Prinzip das Exil bedeutete, vgl. Dettenhofer, Herrschaft und Widerstand, S. 196.

372 Vgl. Meise, Untersuchungen, S. 38.

373 Vgl. ebd., S. 44.

374 Bekannt ist ein gewisser Plautius Rufus und auch die Verbannung des Dichters Ovid wird häufig mit dieser Verschwörung in Verbindung gebracht, vielleicht war er ein Mitwisser, vgl. Meise, Untersuchungen, S. 46ff. Offiziell wurde Ovid wegen seiner frivolen Dichtung der *ars amatoria* verbannt, vgl. Kunst, Livia, S. 183. Auch Agrippa Postumus, der Bruder der Iulia minor, könnte an der Verschwörung beteiligt gewesen sein, denn er wurde ebenfalls in die Verbannung geschickt (vgl. S. 78). Die Todesurteile überschritten die Strafe, welche in der *lex Iulia de adulteriis* festgelegt wurden (vgl. Tac. ann. 3,24), weshalb eine politische Verschwörung durchaus plausibel scheint.

Es fällt eine deutliche Parallelität zwischen Iulia und ihrer Mutter auf. Wie Ferrero erläutert, hatte sich auch Iulia minor eine gewisse Stellung verschafft und „scharte um sich [...] einen Hofstaat von jungen Lebemännern, Schriftstellern und Dichtern."[375] Beide Frauen hatten politische Ambitionen entwickelt, wurden wegen Ehebruchs verklagt und verbannt, obgleich mutmaßlich eine Verschwörung den tatsächlichen Hintergrund bildete. Ferner wurde Iulia wie ihre Mutter von einer Aufnahme ins Mausoleum ausgeschlossen; zudem wurde ihr Palast zerstört.[376] Beide *Iuliae* wurden auf Grundlage der *lex Iulia de adulteriis* wegen Sittenlosigkeit beziehungsweise Ehebruchs angeklagt und mussten Rom verlassen; ihre angeblichen Liebhaber wurden mit Tod oder Verbannung bestraft.

Wie uns Sueton berichtet, hatte Augustus seine Tochter Iulia, seinen Enkel Agrippa Postumus und seine Enkelin Iulia als „seine drei Eiterbeulen oder seine drei Krebsgeschwüre" bezeichnet.[377]

d) Vipsania Agrippina

Vipsania Agrippina beziehungsweise Agrippina maior (circa 14 v. Chr. - 33 n. Chr.) war die zweite Tochter von Iulia maior und Marcus Agrippa und wurde 4/5 n. Chr. mit ihrem Cousin zweiten Grades Nero Claudius Germanicus, dem Sohn von Antonia minor und Nero Claudius Drusus, verheiratet. Agrippina besaß als Tochter der Iulia maior für Augustus dynastisches Potential, dass es zu binden galt. Zudem war sie das letzte Enkelkind des Princeps nach dem Tod von Lucius Caesar und Gaius Caesar und der Verbannung von Iulia minor und Agrippa Postumus. Germanicus war ein potentieller Nachfolgekandidat des Augustus und folglich eine gute Partie für Agrippina. Syme vermutet, dass Agrippina aufgrund der Zeitspanne zwischen ihrer Geburt (zwischen 16 und 13 v. Chr.) und ihrer Eheschließung mit Germanicus eventuell bereits vorher einen Ehemann gehabt hatte.[378] Doch möglicherweise wurde die Heirat von Agrippina und Germanicus bereits frühzeitig beschlossen, als beide noch Kinder waren.

---

375 Ferrero, Frauen der Cäsaren, S. 72f.

376 Vgl. Suet. Aug. 72,3.

377 Suet. Aug. 65,4: *nec aliter eos appellare quam tris vomicas ac tria carcinomata sua.*

378 Vgl. Syme, Aristocracy, S. 93, Anm. 2. Einen potentiellen Kandidaten oder entsprechende Belege nennt er indes nicht.

Agrippina galt ganz im Gegensatz zu ihrer Schwester Iulia minor als römische Matrone, zeichnete sich durch einen einwandfreien Lebenswandel aus[379] und war dementsprechend sehr beliebt beim römischen Volk.[380] Tacitus charakterisiert sie als Ehefrau mit einem etwas zu leidenschaftlichem Temperament, aber dennoch mit einer reinen Liebe zu ihrem Mann.[381] Agrippina und Germanicus bekamen zwischen den Jahren 5 n. Chr. und 17 n. Chr. insgesamt neun Kinder - viele davon wurden in militärischen Lagern in Germanien geboren -, wovon sechs das Erwachsenenalter erreichten.[382] Die zahlreichen Kinder der Agrippina und des Germanicus stärkten die nächste Generation der kaiserliche Familie.

* * * *

Die Enkel und Enkelinnen des Augustus (mit Ausnahme des Agrippa Postumus) wurden zweckmäßig verheiratet, sobald sie das ehefähige Alter erreicht hatten. Durch die Verlobung des Lucius mit Aemilia Lepida und die Eheschließung der Iulia minor mit Paullus Aemilius konnte eine weitere Familie der römischen Aristokratie an das Kaiserhaus gebunden werden. Die Ehe von Gaius und Livilla sowie Agrippinas Ehe mit Germanicus waren dagegen Verbindungen innerhalb der engeren Familie. Augustus schuf so eine gute Mischung aus endogamen und exogamen Eheschließungen, um intern Stabilität zu schaffen und gleichzeitig römische Adelsfamilien an seine Familie zu binden und sich auf diese Weise deren Loyalität zu sichern. Zudem liegt auch hier wieder der Umstand vor, dass es nicht genügend ehefähige Partner innerhalb der *domus Augusta* gab, die miteinander verheiratet werden konnten.

Von den fünf Enkelkindern des Augusts starben Lucius Caeasar (2 n. Chr.) und Gaius Caesar (4 n. Chr.) bereits in jungen Jahren, Iulia minor und Agrippa Postumus wurden 8/9 n. Chr. verbannt.

379 Vgl. Ferrero, Frauen der Cäsaren, S. 89. Obgleich der Autor in seinen folgenden Ausführungen davon spricht, dass Agrippina „ohne einen schlechten Charakter zu besitzen, [...] doch ehrgeizig, aggressiv und intrigant veranlagt" war und großen Einfluss auf ihren Ehemann hatte, vgl. ebd.

380 Vgl. Tac. ann. 3,4,2.

381 Tac. ann. 1,33,3: *Ipsa Agrippina paulo commotior, nisi quod castitate et mariti amore quamvis indomitum animum in bonum vertebat.*

382 Vgl. Severy, La Maison, S. 263. Die Kinder Gaius Caligula, Drusus Caesar, Nero Caesar, Julia Livilla, Agrippina minor, Drusilla wurden entweder verhaftet, ins Exil geschickt oder starben eines unnatürlichen Todes, vgl. Fantham, Julia Augusti, S. 117.

Lediglich Agrippina starb weder früh noch ist sie bei Augustus in Ungnade gefallen. Im Gegenteil, sie heiratete mit Germanicus einen weiteren möglichen Nachfolger des Princeps und konnte mit der Geburt zahlreicher Kinder die iulisch-claudische Dynastie sichern.

7 Vermählungen der Großneffen und Großnichten[383]

a) Germanicus

Nero Claudius Germanicus (15 v. Chr. - 19 n. Chr.) war der ältere Sohn des Drusus maior und der Antonia minor und als Enkel der Livia und Großneffe des Augustus gleichzeitig der erste gemeinsame Nachkomme, wodurch die Vereinigung der Häuser der Iulier und Claudier eine feste Gestalt annahm.[384] Im Jahre 4 n. Chr. wurde Germanicus auf Anordnung des Augustus von Tiberius adoptiert, nachdem jener zusammen mit seinem Stiefbruder Agrippa Postumus von Augustus adoptiert worden war.[385] Germanicus war zu diesem Zeitpunkt bereits 18 Jahre alt und kam damit auch als möglicher Nachfolger des Princeps in Frage. Als Enkel von Augustus' Schwester Octavia stand er zudem im Vergleich zu Livias Sohn Tiberius dem Augustus (bluts-) verwandtschaftlich näher,[386] denn Tiberius blieb trotz der Adoption durch Augustus weiterhin ein Claudier. Wie Kunst in Erwägung zieht, sah Augustus möglicherweise eine Doppelspitze vor oder er hoffte, dass Germanicus der

383 Es werden nur diejenigen Großnichten und -neffen aufgeführt, die zu Lebzeiten des Augustus verheiratet wurden. Valerius Messalla Barbatus, der Sohn von Marcella minor und Valerius Messalla Barbatus Appianus, wurde etwa 15 n. Chr. mit seiner Cousine Domitia Lepida, der Tochter von Antonia maior und Domitius Ahenobarbus, verheiratet, vgl. Syme, Revolution, S. 522. Gn. Domitius Ahenobarbus, der Sohn von Antonia maior und L. Domitius Ahenobarbus, wurde etwa 28 n. Chr. mit Agrippina minor, der Tochter von Agrippina und Germanicus, verheiratet. Domitia, eine weitere Tochter von Antonia maior und L. Domitius Ahenobarbus, war eventuell mit Haterius Agrippa verheiratet, gesichert ist die Ehe 33 n. Chr. mit Passienus Crispus, vgl. Syme, Aristocracy, S. 159ff.

384 Vgl. Kunst, Livia, S. 152.

385 Obwohl Tiberius einen eigenen Sohn, Drusus, hatte, musste er Germanicus adoptieren, vgl. Vell. 2,103,3; vgl. Cass. Dio 56,30f.

386 Vgl. Temporini, iulisch-claudische Familie, S. 70.

Nachfolger von Tiberius werde und so die Nachfolge für zwei Generationen gesichert wäre.[387]

Kurz nach der Adoption wurde Germanicus mit Agrippina, der Enkelin des Augustus, verheiratet (vgl. S. 81). Germanicus trug durch seine Abstammung sowohl das Blut von Iuliern als auch von Claudiern in sich „and his union with Agrippina would also unite the two clans."[388] Wie Dettenhofer erörtert, hoffte Augustus, dass aus dieser Verbindung Söhne als mögliche Nachfolger hervorgingen, da er an seiner „Idee der Blutsverwandtschaft"[389] festhielt. Augustus verfolgte mit dieser Eheschließung das Ziel, die dynastische Position des Germanicus weiter auszubauen und dessen Karriere zu fördern. Im Jahr 12 n. Chr. wurde Germanicus, obwohl er weder das Amt des Prätors inne hatte noch das notwendige Alter besaß, Konsul,[390] im Anschluss daran erhielt er ein Kommando in Germanien. Wie sein Vater war er militärisch äußerst erfolgreich und sowohl bei den Soldaten als auch beim römischen Volk sehr beliebt.[391] Germanicus starb überraschend 19 n. Chr. auf einer Reise in Antiochia. Er hinterließ seine Frau und sechs Kinder.

b) Claudius

Tiberius Claudius Nero Germanicus (10 v. Chr. - 54 n. Chr.), der spätere Kaiser Claudius, war der jüngere Sohn von Drusus und Antonia minor. Ihm wurde, ganz im Gegensatz zu seinem Bruder Germanicus, kaum Beachtung geschenkt. Sueton charakterisiert ihn in seiner Biografie als kränkliches Kind, das „wegen seiner zugleich geistigen und körperlichen Schwäche nicht einmal im höheren Alter für irgendeine öffentliche oder private Tätigkeit tauglich schien."[392] Claudius galt innerhalb der Familie als peinliche Erscheinung und außerhalb des Kaiserhofes nahm man ihn kaum zur Kenntnis.[393] So

387 Vgl. Kunst, Livia, S. 175f.

388 Fantham, Julia Augusti, S. 116.

389 Dettenhofer, Herrschaft und Widerstand, S. 182.

390 Vgl. Cass. Dio 56,26,1.

391 Vgl. Tac. ann. 1,7,6.

392 Suet. Claud. 2,2: [...] *per omne fere pueritiae atque adulescentiae tempus variis et tenacibus morbis conflictatus est, adeo ut animo simul et corpore hebetato ne progressa quidem aetate ulli publico privatoque muneri habilis existimaretur.*

393 Vgl. Temporini, iulisch-claudische Familie, S. 73.

wurde er während der Regierung des Princeps weder in die Politik eingeführt, noch erhielt er ein militärisches Amt.

Etwa 5 n. Chr. wurde Claudius mit Aemilia Lepida, der Tochter von Iulia minor und ihrem Ehemann Lucius Aemilius Paullus, verlobt. Diese Verlobung wurde jedoch aufgrund der Verschwörung ihrer Eltern (vgl. S. 80) gegen den Princeps im Jahr 8 n. Chr. gelöst[394] und Claudius wurde im selben Jahr mit seiner Großcousine Livia Medullina Camilla, der Enkelin von Livias Adoptivbruder, verlobt.[395] Claudius war bereits 17 Jahre alt und hatte folglich das ehefähige Alter erreicht. Da Medullina jedoch am Tag der Hochzeit starb, heiratete Claudius schließlich Plautia Urgulanilla, eine Enkeltochter von Livias Freundin Urgulania.[396] Die Wahl der potentiellen Ehefrauen für Claudius zeigt, dass Augustus ihm nicht die gleiche Beachtung geschenkt hat wie seinem Bruder Germanicus. Er sah in seinem Großneffen Claudius keinen potentiellen Nachfolger und förderte ihn daher weder politisch noch familiär.

c) Drusus minor

Drusus minor (eigentlich Nero Claudius Drusus, 14 v. Chr. - 23 n. Chr.), war der Sohn von Tiberius und Vipsania Agrippina und damit ebenfalls ein Großneffe des Augustus. Im Jahr 4 n. Chr. wurde Drusus mit seiner Cousine Livilla (Livia Iulia) verheiratet. Livilla war eine Tochter des Drusus und der Antonia minor und somit Großnichte des Augustus. Drusus und Livilla lebten bereits eine gewisse Zeit im Haus der Livia und wurden dort gemeinsam erzogen.[397] Diese Eheschließung erfolgte etwa zeitgleich mit der Verheiratung von Livillas Bruder Germanicus mit Drusus Stiefschwester Agrippina. Jene zwei endogamen Eheschließungen waren ein weiterer Schritt in der Ehepolitik des Princeps, sollte doch, wie Ferrero schlussfolgert, die Familie des Augustus als einheitliches, festes

394 Vgl. Meise, Untersuchungen, S. 46. Aemilia Lepida wurde sodann mit M. Iunius Silanus, Konsul des Jahres 19 n. Chr., verheiratet, vgl. Syme, Aristocracy, S. 188.

395 Vgl. Suet. Claud. 26,1-2; vgl. Severy, La Maison, S. 266f.; vgl. Kunst, Livia, S. 151. Sie war die Tochter des Konsuls Marcus Furrius Camillus. Die *Furii* waren eine altpatrizische Familie.

396 Suet. Claud. 26,1-2. Diese Verbindung wurde folglich von Livia initiiert, wenn auch mit Augustus abgesprochen.

397 Vgl. Kunst, Livia, S. 150.

Gefüge gelten.[398] Diese Ehen wurden im Zuge der politischen Wiedereingliederung des Tiberius 4 n. Chr. geschlossen und sollten innerhalb der *domus Augusta* die Bande zwischen Iuliern und Claudiern festigen.[399] Meise formuliert dazu treffend, dass die Ehe des Drusus minor mit Livilla neben der Ehe des Germanicus mit Agrippina und der Verlobung des Claudius mit Aemilia Lepida zur „Konzentration der Dynastie" diente.[400] Eine Tochter, Livia Iulia (minor), und ein Sohn, Tiberius Gemellus, sind aus dieser Verbindung hervorgegangen.[401]

Syme stellt fest, dass Drusus minor gegenüber seinem Cousin Germanicus benachteiligt wurde. Obwohl er nur ein Jahr jünger war, erhielt er erst drei Jahre später das Konsulat und bekam keine militärischen Aufgaben im Rahmen der nördlichen Feldzüge.[402] Augustus unterschied offensichtlich zwischen Drusus als Sohn des Tiberius und der Vipsania und Germanicus als Sohn des Drusus maior und seiner Nichte Antonia minor.

d) Livia Iulia

Livia Iulia, genannt Livilla (14 v. Chr. - 31 n. Chr.), war die Tochter der Antonia minor und des Drusus maior und vereinte wie ihre Brüder Germanicus und Claudius das iulische und das claudische Blut in sich.

In erster Ehe wurde sie im Jahr 1 n. Chr. mit Gaius Caesar, dem Enkel und Adoptivsohn des Augustus, verheiratet (vgl. S. 76).[403] Dieser verstarb jedoch bereits nach drei Ehejahren im Jahr 4 n. Chr. infolge einer Verwundung. Daraufhin wurde Livilla noch im selben Jahr mit ihrem Cousin Drusus, dem Sohn des Tiberius und der Vipsania Agrippina verheiratet, mit dem sie zwei Kinder hatte (vgl. S. 86).[404] Als Großnichte des Augustus und Witwe des Kaiserenkels

398 Vgl. Ferrero, Frauen der Cäsaren, S. 78.

399 Vgl. ebd.

400 Meise, Untersuchungen, S. 31, Anm. 188.

401 Vgl. Syme, Aristocracy, S. 170f. Die Vaterschaft des Drusus wird bei Tiberius Gemellus angezweifelt, da Livilla angeblich ein Verhältnis zu dem Prätorianerpräfekten Sejanus unterhielt, vgl. ebd. Ein Zwillingsbruder Germanicus Gemellus überlebte nicht.

402 Vgl. ebd., S. 94, Anm. 7.

403 Vgl. Kokkinos, Antonia Augusta, S. 13.

404 Vgl. Ferrero, Frauen der Cäsaren, S. 78.

und adoptierten Kaisersohns Gaius hatte Livilla dynastisches Potential, welches innerhalb der Familie durch eine weitere endogame Ehe gebunden werden musste.[405]

e) Claudia Pulchra

Claudia Pulchra (circa 12 v. Chr. - 26 n. Chr.) war die Tochter von Marcella minor und Valerius Messalla Appianus und wurde mit Publius Quinctilius Varus, dem Mitglied einer alten patrizischen *gens*, verheiratet.[406] Varus genoss hohes Ansehen in der Gefolgschaft des Princeps und war zwischen 21 und 19 v. Chr. Adjutant des Augustus während dessen Reise durch den Osten des Reiches.[407] Des Weiteren war er zusammen mit Tiberius Konsul des Jahres 13 v. Chr. und ging in den folgenden Jahren zuerst als Prokonsul nach Africa und sodann als Legat des Augustus in die Provinz Syria.[408] Schließlich wurde Varus nach Germanien versetzt, wo er 9 n. Chr. eine verheerende Niederlage erlitten hat, die ihm auch das Leben kostete. Durch die Ehe mit Claudia Pulchra konnte Varus seine politische Karriere fördern, da er nunmehr zur *domus Augusta* gehörte, das heißt familiär mit dem Haus des Princeps verbunden und somit dynastisch involviert war. Auch sein Porträt konnte auf dem *ara pacis* identifiziert werden, so Meyer.[409]

Aufgrund seines Alters (geboren 47/46 v. Chr.) und weil er einen Sohn vorweisen konnte, der 4 v. Chr. Truppen kommandiert haben soll, liegt die Vermutung nahe, dass Varus bereits vorher mindestens einmal verheiratet gewesen war.[410] Diesbezüglich kommt Vipsania, eine Tochter des Agrippa und der Marcella maior in Frage,[411] da Varus der Schwiegersohn des Agrippa war, wie ein

405 Vgl. Temporini, iulisch-claudische Familie, S. 71.

406 Vgl. Syme, Aristocracy, S. 146.

407 Vgl. Meyer, Reinhold: Marcus Agrippa's Son-in-Law P. Quinctilius Varus, Classical Philology (CPh) 67/2 (1972), S. 119-121, S. 119. Sein Vater war auf den Proskriptionslisten der Triumvirn und beging 42 v. Chr. Selbstmord, vgl. ebd.

408 Vgl. Bringmann, Augustus, S. 275, Anm. 45. So hatte er die *ornamenta triumphalia* für Africa oder Syria erhalten, vgl. Syme, Aristocracy, S. 323.

409 Vgl. Meyer, Son-in-Law, S. 119.

410 Vgl. Meyer, Son-in-Law, S. 119; vgl. Syme, Augustan Aristocracy, S. 125.

411 Syme nennt vier Töchter des Agrippa: eine Vipsania von Caecilia, die Tiberius heiratete, eine weitere Vipsania von Caecilia oder Marcella, die einen Q. Haterius heiratete, eine Vipsania von Marcella, die Varus hei-

Fragment der Leichenrede des Augustus zu Ehren des Todes von Agrippa 12 v. Chr. belegt.[412] Wie Syme dazu bemerkt, war zu diesem Zeitpunkt das Glück auf der Seite des Varus, da Tiberius „nur" mit einer Tochter des Agrippa aus dessen erster Ehe mit Caecilia Attica verheiratet war, während Varus eine Tochter der Marcella maior und damit der Großnichte des Princeps zur Frau bekam.[413] Meyer schließt indes nicht aus, dass Vipsania möglicherweise auch eine Tochter des Agrippa aus seiner ersten Ehe mit Caecilia Attica war.[414] Fest steht, dass die Ehe der Vipsania und des Varus durch ihren Tod circa 3 v. Chr. endete und jener sodann mit Claudia Pulchra verheiratet wurde.[415] Augustus war es scheinbar wichtig, dass der erfolgreiche Heerführer Varus über Eheschließungen in seine Familie integriert wurde.

* * * *

Die Großneffen und Großnichten wurden erwartungsgemäß von Augustus in dessen Ehepolitik einbezogen. Die Eheschließungen fanden größtenteils in den Jahren 4 und 5 n. Chr. statt, das heißt kurz nach den Adoptionen des Tiberius, Agrippa Postumus und Germanicus, weil der Princeps seine Familie nach innen wie nach außen weiter festigen wollte. Augustus hat sowohl endogame Ehen (Germanicus, Drusus minor, Livilla) als auch exogame Ehen (Claudius, Claudia Pulchra) arrangiert. Auffällig ist, dass Augustus nicht alle ihm zur Verfügung stehenden Großneffen und -nichten verheiratete (vgl. Anm. 383). Möglicherweise gab es nicht genügend potentielle Ehepartner oder Augustus sah keine zwingende Notwendigkeit. Durch die Ehe von Germanicus und Agrippina und die Ehe von Livilla und Gaius Caesar wurden die Nachkommen der Livia mit den Nachkommen des Augustus verwandtschaftlich noch enger miteinander verbunden.

---

ratete und eine Vipsania von Marcella, die einen M. Lepidus heiratete, vgl. Syme, Aristocracy, 125, 314f.; vgl. auch Severy, la Maison, S. 251ff.

412 Vgl. Meyer, Son-in-Law, S. 119.

413 Vgl. Syme, Aristocracy, S. 314.

414 Vgl. Meyer, Son-in-Law, S. 120. Der Autor begründet dies damit, dass Agrippa und Caecilia lange (mindestens zehn Jahre) verheiratet waren und somit durchaus mehr als ein Kind geboren worden sein könnte, vgl. ebd. Siehe auch Severy, La Maison, S. 254.

415 Vgl. Syme, Aristocracy, S. 314f.

V Auswertung

1 Methodik der Eheschließungen

Die zahlreichen Eheschließungen (einschließlich der Verlobungen) - insgesamt wurden 20 Ehen und acht Verlobungen für die Jahre von 43 v. Chr. bis 14 n. Chr. ermittelt - lassen eine klare Methodik beim ersten Princeps erkennen. Octavian/Augustus hat die Bedeutung und den Nutzen von Eheschließungen frühzeitig erfasst und für sich und seine Politik entsprechend genutzt, sei es während der Triumviratszeit oder in der Position als Princeps.

Zur Zeit des Bürgerkriegs hat Octavian für seine politischen Zwecke zahlreiche familiäre Verbindungen durch Eheschließungen und Verlobungen hergestellt. Octavian selbst ist dafür das beste Beispiel: so war er zuerst mit Servilia, der Tochter eines Caesarianers, verlobt, bevor er Clodia, die Stieftochter des Antonius, im Jahr 43 v. Chr. heiratete. Kurze Zeit später ehelichte er Scribonia (41/40 v. Chr.), eine Verwandte des Sextus Pompeius und schließlich die Claudierin Livia Drusilla im Jahr 39/38 v. Chr. Daneben arrangierte Octavian die Ehe zwischen seiner Schwester Octavia und Marcus Antonius (40 v. Chr.), um das beiderseitige Bündnis von Brundisium auf familiärer Ebene zu stärken.

In unsicheren Zeiten wie denen des Bürgerkriegs waren derartige Allianzen von entscheidender Bedeutung und wurden häufig über familiäre Bindungen gefestigt. So wurden selbst kleine Kinder für die Besiegelung von Bündnissen genutzt, wenn keine Verwandten im heiratsfähigen Alter zur Verfügung standen: Octavians Neffe Marcellus wurde mit einer Tochter des Sextus Pompeius verlobt (39 v. Chr.), Octavians einzige Tochter Iulia wurde mit Antonius Antyllus (37 v. Chr.), dem Sohn des Antonius, verlobt und Tiberius wurde mit Vipsania (32 v. Chr.), einer Tochter des Marcus Agrippa, verlobt. Diese familiären Bindungen - sowohl Ehen als auch Verlobungen - waren allesamt exogam, also außerhalb der Familie geschlossen worden, wie es für Zeiten der politischen Unsicherheit und Instabilität charakteristisch war (vgl. S. 20ff.). Typisches Merkmal ist zudem die oftmals kurze Zeitspanne zwischen Ehe und Scheidung, die sich mit den stetig wechselnden politischen Gegebenheiten erklären lässt. Erst mit seiner dritten Ehefrau Livia war Octavian/Augustus bis zu seinem Tod verheiratet, da sich wenige Jahre nach der Eheschließung die politischen Verhältnisse änderten und die unsicheren Bürgerkriegsjahre beendet waren.

Nachdem Octavian aus dem Kampf gegen die Pompeianer und Marcus Antonius als Sieger hervorging und formal die Republik „wiederhergestellt" hatte, richtete er sein Augenmerk auf die Stabilisierung und Sicherung seiner Familie, um seine erworbene Position und Macht auch im familiären Bereich zu festigen. Dazu ließ Augustus sukzessive seine Familienmitglieder, sobald sie die *pubertas*, also das ehefähige Alter erreicht hatten, seinen Wünschen entsprechend verheiraten. Im Unterschied zu den Bürgerkriegsjahren wurden im Principat sowohl exogame als auch zahlreiche endogame Ehen geschlossen. Exogam sind die Ehen von Antonia maior mit Domitius Ahenobarbus (25/24 v. Chr.), Marcella maior mit Iullus Antonius (21 v. Chr.), Iulia minor mit L. Aemilius Paullus (4 v. Chr.), Marcella minor zum einen mit Paullus Aemilius Lepidus (beziehungsweise mit L. Aemilius Paullus) und zum anderen mit Messalla Appianus, Claudia Pulchra mit Publius Q. Varus, Claudius mit Urgulanilla sowie die Verlobung des Lucius mit Aemilia Lepida (1 v. Chr.). Im Gegensatz dazu sind die Ehen von Iulia und Marcellus (25 v. Chr.), Drusus maior und Antonia minor (16 v. Chr.), Iulia und Tiberius (11 v. Chr.), Gaius und Livilla (1 n. Chr.), Drusus minor und Livilla (4 n. Chr.) sowie Agrippina und Germanicus (4/5 n. Chr.) endogam.[416] Die Ehen des Agrippa mit Marcella maior (28 v. Chr.) und anschließend mit Iulia (21 v. Chr.) als auch die Heirat seiner Tochter Vipsania mit Tiberius (16 v. Chr.) sind zwar eigentlich exogame Ehen, können aber auch - und da schließe ich mich der Meinung von Severy an - als endogam („internal") angesehen werden, da Marcus Agrippa ein langjähriger Vertrauter und enger Freund des Princeps war.[417]

Zu Beginn seiner Herrschaft fehlten Augustus männliche Nachkommen innerhalb seiner iulischen Familie (mit Ausnahme seines Neffen Marcellus), sodass die Familienabsicherung folglich über die weiblichen Mitglieder des augusteischen Hauses erfolgte, das heißt über seine Tochter Iulia und über seine vier Nichten. Iulia als Kaisertochter kam dabei eine besondere Rolle zu. So musste sie auf Anordnung ihres Vaters zuerst ihren Cousin Marcellus, danach

416 Vgl. Severy, Augustus and the family, S. 64, Anm. 7, nennt in diesem Zusammenhang noch die Ehe von Messalla Barbatus und Domitia Lepida (*10 v. Chr.) und die Ehe von Domitius Ahenobarbus und Agrippina minor (*10 n. Chr.), die beide jedoch erst nach dem Tod des Augustus erfolgen konnten, was sich aus dem Geburtsjahr beider Ehefrauen zwangsläufig ergibt, vgl. Anm. 383.

417 Vgl. ebd., S. 64. Severy geht sogar soweit, die Ehe zwischen Marcella maior und ihrem Stiefbruder Iullus Antonius sowie die Ehe von Iulia minor und ihrem entfernten Cousin, dem Sohn der Halbschwester ihrer Mutter, als endogam zu bezeichnen, vgl. ebd.

Augustus' langjährigen Freund Agrippa und schließlich ihren Stiefbruder Tiberius heiraten. Iulia kam also die Rolle zu, den zum jeweiligen Zeitpunkt wahrscheinlichsten Thronaspiranten zu ehelichen. Damit erklärt sich auch die Tatsache, dass Iulia als einziges leibliches Kind des Princeps bewusst in endogamen Ehen verheiratet wurde, denn es sollte verhindert werden, dass durch die Ehe mit einem römischen Aristokraten ein Konkurrent für Augustus und somit eine Gefahr für die *domus Augusta* entstehen könnte.

Da Augustus keine eigenen Söhne hatte, nutzte er als Kandidaten für seine Ehepolitik zuerst seinen Neffen Marcellus, nach dessen Tod seine Stiefsöhne Tiberius und Drusus - auch wenn sie nicht Teil seiner *familia* waren und damit nicht unter seiner *patria potestas* standen[418] - und später seine Enkel Gaius und Lucius als seine „Ersatzsöhne", was die mehrfachen Adoptionen bestätigten. Wie Marcellus wurden auch die Stiefsöhne des Augustus in endogamen Ehen verheiratet (Tiberius mit Vipsania und sodann mit Iulia, Drusus mit Antonia maior), um beide in die sich formierende *domus Augusta* fest zu integrieren. Aus Mangel an männlichen Mitgliedern seiner Familie musste er seine Stiefsöhne Tiberius und Drusus privilegieren und vorteilhaft verheiraten. Daher wählte Augustus für die Verheiratung seiner Stiefsöhne Drusus und Tiberius Familienangehörige, wie er es bereits bei seiner Tochter Iulia tat.

Im Gegensatz dazu hat Augustus seine vier Nichten vorwiegend exogam verheiratet: so wurde Antonia maior mit L. Domitius Ahenobarbus, Marcella maior mit Iullus Antonius und Marcella minor mit Paullus Aemilius Lepidus sowie mit M. Valerius Messalla Barbatus Appianus vermählt. Diese exogamen Verbindungen ermöglichten es dem Princeps, bedeutende römische Adelsgeschlechter an seine Familie zu binden. Zudem musste Augustus aufgrund des Überschusses an weiblichen Familienmitgliedern zwangsläufig exogame Ehen zulassen, wenn er seine Familienangehörigen allesamt verheiraten wollte. In Rom galt es überdies als untypisch und verpönt, wenn man ehelos lebte, obwohl das ehefähige Alter bereits erreicht war, und die Ehegesetze des Augustus erlegten zudem eine Pflicht zur Verheiratung auf (vgl. Kap. III). Demnach musste Augustus seine zahlreichen weiblichen Angehörigen mit Personen außerhalb der Familie verheiraten, wofür er römische Aristokraten aussuchte, die als Nachkommen der republikanischen Adelsgeschlechter eine gute Wahl für seine Familienmitglieder darstellten. Lediglich Marcus Agrippa stellte eine Ausnahme dar, da er als *homo novus* nicht zur römischen Oberschicht gehörte.

418 Die Väter, Claudius Marcellus und Tiberius Claudius Nero, waren bereits 40 v. Chr. bzw. 33 v. Chr. verstorben.

Eine weitere „Verheiratungswelle“ ereignete sich in der zweiten Generation der Familienmitglieder des Augustus. Auch hier wurden sowohl endogame Ehen (Gaius und Livilla, Agrippina und Germanicus, Livilla und Drusus minor) als auch exogame Ehen (Iulia minor und L. Aemilius Paullus, Claudia Pulchra und Publius Q. Varus, Claudius und Urgulanilla) geschlossen.

Augustus stellte frühzeitig die persönlichen Wünsche und Belange seiner Verwandten hinter seine eigenen politischen Ambitionen zurück. Seine Verwandten wurden zu Objekten seiner Ehepolitik. Auch missachtete Augustus seine eigens erlassenen Ehegesetze, wenn es für ihn vorteilhaft war. So veranlasste er die Scheidung des Agrippa von Marcella maior, damit jener seine Tochter Iulia heiraten konnte. Nach dessen Tod musste sich Tiberius von seiner Ehefrau Vipsania Agrippina scheiden lassen, um Iulia zu heiraten. Des Weiteren hatte Augustus selbst nur ein Kind und war überdies ein Ehebrecher, wenn man den antiken Quellen glauben schenken darf.

2 Auswirkungen der augusteischen Ehepolitik

Die Heiratspolitik des Augustus hatte zwei Ziele: 1. sollte durch endogame Ehen die augusteische Familie als geschlossene Einheit formiert werden und 2. sollten durch exogame Ehen Bündnisse geschaffen, Loyalitäten gesichert und so die *domus Augusta* gestärkt werden.

Die zahlreichen endogamen Eheschließungen waren eine logische Konsequenz der herausragenden Position des Augustus als erster Mann im Staate, da durch endogame Ehen der Kreis der potentiellen Machthaber so eng wie möglich gehalten werden konnte. Familiäre Verbindungen mit anderen adligen Familien zum Zweck der Allianzbildung, wie sie zu Zeiten der späten Römischen Republik und vor allem der Bürgerkriege üblich gewesen waren, wurden größtenteils unterbunden, da keine Notwendigkeit vorlag. Es gab zwar viele aristokratische Familien, die über wichtige Verbindungen (*clientela*) und politisches Kapital verfügten, aber die Familie des Augustus hatte am meisten zu bieten und damit auch am meisten zu verlieren. So vollzog Augustus nach und nach eine deutliche Trennung seiner Familie vom übrigen Adel. Durch die endogamen Ehen wurde die Familie der Iulier und die Familie der Claudier kontinuierlich miteinander verbunden, beispielhaft sei die Ehe zwischen den Stiefkindern Iulia und Tiberius oder die Heirat von Gaius und Livilla oder Agrippina und Germanicus, jeweils Cousine und

Cousin zweiten Grades, genannt. Folglich bildete sich allmählich eine iulisch-claudische Dynastie unter den Kindern und Enkeln des Augustus, der Livia und der Octavia heraus, die sich als feste Gruppe nach außen wie nach innen präsentierte und von den anderen aristokratischen Familien abgegrenzt wurde.

Einige römische Aristokraten wurden jedoch bewusst durch die Heirat mit einem Mitglied der kaiserlichen Familie in die *domus Augusta* integriert. Zum einen standen Augustus nicht genügend (männliche) Familienmitglieder zur Verfügung, sodass er exogame Ehen zulassen musste. Zum anderen konnte er über diese Eheschließungen konkurrenzfähige Familien systematisch in seine eigene einbinden, sich ihre Loyalitäten sichern und über deren familiäre Verbindungen wiederum weitere aristokratische Familien für sich gewinnen. Für die Stabilität seiner Herrschaft benötigte Augustus führende Persönlichkeiten der Oberschicht, weshalb er sie in wichtige Positionen einsetzte und gezielt verheiratete. Viele Mitglieder des Senats konnte er durch seine Heiratspolitik an sich binden, und durch gemeinsame Kinder wurden diese Verbindungen verfestigt.

Neben bedeutenden Familien des Senatorenstandes integrierte Augustus systematisch die Familie seines ehemaligen Rivalen Antonius in seine *domus*: Antonia minor wurde mit Drusus maior verheiratet und Iullus Antonius mit Marcella maior. Antonia maior wurde mit L. Domitius Ahenobarbus, einem noblen Aristokraten der römischen Oberschicht, vermählt. Durch Octavias Ehe mit Marcus Antonius waren ihre gemeinsamen Nachkommen sowohl mit dem ersten Kaiser Augustus als auch mit dem ruhmreichen Feldherrn Antonius blutsverwandt. Augustus konnte über gezielte Eheschließungen bedeutende patrizische Familien Roms wie die *Antonii, Claudii, Aemilii Lepidi, Valerii Messallae, Domitii Ahenobarbi,* und *Quinctilii Vari* in seine Familie einbinden.[419]

Die Heiratspolitik des ersten Princeps ist der Versuch, „die Dominanz einer Familie über die anderen aristokratischen Häuser auf Dauer durchzusetzen."[420] Eine Ausnahme stellte die Familie der Vipsanier dar. Diese hatte keine bedeutende Vergangenheit vorzuweisen, wurde aber dennoch über mehrere Eheschließungen in die *domus Augusta* integriert, da Marcus Agrippa ein langjähriger Freund des Augustus und zudem ein ruhmreicher Feldherr war. So

---

419 Es steht außer Frage, dass die Einbindung von Aristokraten einen hohen Stellenwert für Augustus hatte, doch würde ich Syme, Revolution, S. 393, dahingehend widersprechen, dass Augustus nahezu jede aristokratische Familie in seine „Gefolgschaft [...] gelockt" hatte.

420 Dierichs, Livia Augusta, S. 247.

heiratete er im Jahr 28 v. Chr. Octavians Nichte Marcella maior und 21 v. Chr. sogar dessen Tochter Iulia. Im Jahr 16 v. Chr. wurde Vipsania, die Tochter des Agrippa, mit Augustus' Stiefsohn Tiberius vermählt, nachdem beide bereits im Jahr 32 v. Chr. miteinander verlobt worden waren.

Indem Augustus seine Herrschaft nach dem dynastischen Prinzip, also innerhalb der Familie, vererben wollte, konnte quasi jedes Mitglied seiner *domus* Ansprüche auf die Nachfolge erheben. Die Einbindung von aristokratischen Familien in die kaiserliche brachte die Gefahr mit sich, dass jene Personen durch ihre Stellung als Teil der kaiserlichen Familie Machtansprüche erhalten und diese geltend machen könnten. Genau dieses Problem trat durch die beiden *Iuliae* offen zutage, als jene augenscheinlich individuelle politische Ansprüche durchzusetzen suchten, indem sie sich mutmaßlich an einer Verschwörung gegen den Princeps beteiligten. Iulia maior war in die Verschwörung (2 v. Chr.) um Iullus Antonius, dem Ehemann von Marcella maior, und Iulia minor war in die Konspiration ihres Ehemannes Paullus Aemilius Lepidus (8 n. Chr.) involviert. Folglich mussten beide *Iuliae* vom Princeps in die Verbannung geschickt werden, wobei der offizielle Grund *adulterium* lautete. Vor allem mit der Bestrafung seiner Tochter Iulia war die Selbstdarstellung des Princeps geschädigt worden, doch musste er diesen Schritt gehen, um seine *domus* zu stärken.

3 Die Nachfolgefrage

Ein wichtiger Aspekt der augusteischen Ehepolitik war die planmäßige Verheiratung seiner potentiellen Nachfolgekandidaten. Augustus plante augenscheinlich von Beginn seiner Herrschaft an seine Nachfolge, die nach dem dynastischen Prinzip erfolgen sollte, das heißt ein Familienangehöriger, im besten Fall ein Iulier, sollte sein Erbe antreten. Die prekäre Situation ergab sich für Augustus aus der Tatsache heraus, dass die neue Herrschaftsordnung des Principats von ihm begründet und damit zuallererst auch auf ihn zugeschnitten war. Somit wusste weder er noch jemand anderes, wie sich nach seinem Tod das Principat gestalten sollte. Augustus verheiratete seine Verwandten nach dynastischen Gesichtspunkten, denn eine Verwandtschaft zum Kaiserhaus begründete folglich einen Anspruch auf die Nachfolge des Princeps. Diese rigorose Adoptions- und Heiratspolitik war notwendig, da es keine formale Nachfolgeregelung innerhalb des noch jungen Principats gab. Die staatsrechtlichen Befugnisse waren nicht auf einen Nachkommen vererbbar, da die Privilegien vom Senat oder per Gesetz immer wieder neu auf eine Person übertragen werden mussten. Die soziale Stellung des Princeps, seine Patronats- und Freundschaftsverhältnisse (*clientela*) sowie sein politischer Einfluss konnten hingegen auf einen Nachkommen vererbt werden.

Da Augustus keinen Sohn hatte, musste er seinen Thronfolger innerhalb der nahen Verwandtschaft suchen. Sein Neffe Marcellus, sein Freund Marcus Agrippa, seine Enkel Gaius und Lucius, seine Stiefsöhne Tiberius und Drusus und sein Großneffe Germnicus kamen als mögliche Nachfolger in Frage und wurden daher planmäßig von Augustus verheiratet: Marcellus und Tiberius wurden mit Iulia verheiratet, Drusus wurde mit Antonia minor vermählt, Gaius wurde mit Livilla verheiratet, Lucius wurde mit Aemilia Lepida verlobt und Germanicus wurde mit Agrippina vermählt.

Zusätzlich nutzte Augustus das Mittel der Adoption, um sein privatrechtliches Erbe und seine politische Machtposition (Klientel) zu übertragen und die Nachfolge zu sichern, da eine Successionsordnung,[421] also ein geregeltes Thronfolgerecht fehlte. Im Jahr 17 v. Chr. adoptierte Augustus seine Enkel Gaius und Lucius und nach deren Tod seinen Stiefsohn Tiberius und seinen Enkel Agrippa Postumus (4 n. Chr.), wobei Tiberius gleichzeitig seinen eigenen Neffen Germanicus adoptieren musste. Die gleichzeitige Adoption von zwei Personen sollte die Nachfolge soweit als möglich absichern und diente möglicherweise der Verhinderung von Missgunst und Rivalität. Augustus' Handeln zeigt, dass er die Position des Nachfolgers stets mehr oder weniger offen hielt.

Augustus beteiligte seine männlichen Verwandten Marcellus, Marcus Agrippa, Tiberius, Drusus, Gaius, Lucius und Germanicus an der Herrschaft, indem er sie mit politischen Ämtern und militärischen Aufgaben ausstattete. Mit der Teilhabe an der Macht, so durch die Übertragung der *tribunicia potestas* oder des *imperium proconsulare* und durch die Adoption, die den Namen weitergibt und einen Anspruch auf das Vermögen gewährt, wurde ein Nachfolger designiert. Ein weiteres Anzeichen für die Designation ist die Verheiratung des Anwärters mit dem nächsten weiblichen Angehörigen des Princeps. Marcellus, Agrippa und Tiberius waren nacheinander mit Iulia, der einzigen Tochter des Augustus verheiratet. Drusus wurde mit einer Nichte des Augustus vermählt, Gaius mit einer Großnichte verheiratet und Germanicus mit einer Enkelin getraut.

---

421 Vgl. Sandels, Stellung der kaiserlichen Frauen, S. 76.

Die Nachfolgekandidaten des Augustus starben allerdings einer nach dem anderen: Marcellus 23 v. Chr., Agrippa 12 v. Chr., Drusus 9 v. Chr., Lucius 2 n. Chr. und Gaius 4 n. Chr. Es steht außer Frage, dass Augustus einen Iulier für seine Nachfolge erhoffte, obwohl er die claudische Familie sukzessive durch Eheschließungen und Adoptionen in seine integrierte. Letztendlich hat ein Claudier, nämlich Tiberius, seine Nachfolge als Princeps angetreten.

* * * *

Die Ehepolitik des Augustus hatte zum Ziel, ein dynastisches Erbsystem zu installieren und gleichzeitig bestimmte aristokratische Familien darin zu integrieren. Mittels planmäßiger Verheiratungen der Familienangehörigen sollte die *domus Augusta* gestärkt und so die Nachfolge innerhalb seiner Familie gesichert werden. Sueton formuliert dazu treffend, dass Augustus „besonders eifrig jedes Verwandtschafts- und Freundschaftsverhältnis“ vermittelte und förderte.[422]

Augustus arrangierte Ehen für die Mitglieder seines Hauses, um im dynastischen Sinn Stabilität zu erreichen, die Nachfolge zu sichern, um so den Machterhalt für seine Familie auch nach seinem Tod zu gewährleisten. Es bildete sich langsam eine kaiserliche Familie heraus, es formierte sich eine gemeinsame *domus* der Iulier und Claudier. Diese Ehepolitik der Verknüpfung und Verflechtung von Angehörigen seine Kaiserhauses untereinander als auch mit ausgewählten römischen Adligen, und die gleichzeitige Abgrenzung der kaiserlichen Familie von der römischen Oberschicht als exklusive Gruppe konnte nach dem Tod des Augustus aufrecht erhalten und schrittweise ausgebaut werden, bis die iulisch-claudische Dynastie schließlich mit dem Tod des Kaisers Nero 68 n. Chr. unterging.

---

422 *promtissimus affinitatis cuiucque atque amicitiae conciliator et fautor,* (Suet. Aug. 48).

VI Quellen- und Literaturverzeichnis

Quellen

Appian von Alexandria: Römische Geschichte, Teil 2: Die Bürgerkriege, übers. von Otto Veh, durchges., eingel. u. erläut. von Wolfgang Will (=Bibliothek der griechischen Literatur; 27), Stuttgart 1989.

Augustus: *Res gestae*, Tatenbericht (Monumentum Ancyranum), lat., griech. und dt., übers., komm. und hrsg. von Marion Giebel, bibliogr. revidierte Ausg., Stuttgart 2005.

Cassius Dio: Römische Geschichte, Bd. 3 (Bücher 44-50) u. Bd. 4 (51-60), übers. von Otto Veh, limitierte Sonderausgabe (=Bibliothek der alten Welt), Düsseldorf 2007.

Nikolaos von Damaskus: Leben des Kaisers Augustus, hrsg., übers. und komm. von Jürgen Malitz (= Texte zur Forschung; 80), 2. Aufl., Darmstadt 2006.

Plutarch: Große Griechen und Römer, Bd. 5, eingel. und übers. von Konrat Ziegler (=Bibliothek der alten Welt; griechische Reihe), Zürich u.a. 1960.

Suetonius Tranquillus, Gaius: Kaiserbiographien, lat. u. dt. von Otto Wittstock (=Schriften und Quellen der Alten Welt; 39), Berlin 1993.

Tacitus, P. Cornelius: Annalen, lat./dt., hrsg. von Erich Heller, mit einer Einf. v. Manfred Fuhrmann (= Sammlung Tusculum), Zürich/München 1982.

Velleius Paterculus: *Historia Romana*, Römische Geschichte, lat./dt., übers. und hrsg. von Marion Giebel, bibliogr. ergänzte Ausg., Stuttgart 1998.

Kataloge

Burnett, Andrew/Amandry, Michel/Ripollès, Pere Paul: Roman Provincial Coinage, Vol. 1: From the death of Caesar to the death of Vitellius: 44 BC-AD 69, Teil 2: Indexes and Plates, Neuaufl. der Ausg. von 1992, London 2006.

Mattingly, Harold/Sydenham, Edward: The Roman Imperial Coinage, Vol. 1: from 31 BC-69 AD, überarb. Ausg., London 1984.

Literatur

Alföldy, Géza: Römische Sozialgeschichte, 3., völlig überarb. Aufl. (=Wissenschaftliche Paperbacks Sozial- und Wirtschaftsgeschichte, Bd. 8), Wiesbaden 1984.

Balsdon, Dacre: Die Frau in der römischen Antike, aus dem Engl. v. Modeste zur Nedden Pferdepamp, 1. Aufl., München 1989.

Bayer, Erich: Die Ehen der jüngeren Claudia Marcella, Historia 17 (1968), S. 118-123.

Bringmann, Klaus: Augustus (=Gestalten der Antike), Darmstadt 2007.

Corbier, Mireille: Constructing Kinship in Rome. Marriage and Divorce. Descent and Adoption, in: David I. Kertzer/Richard P. Saller (Hg.), The family in Italy from antiquity to the present, New Haven u.a. 1991, S. 127-144.

Csillag, Pál: Das Eherecht des augusteischen Zeitalters, Klio 50 (1968), S. 111-138.

Dettenhofer, Maria: Herrschaft und Widerstand im augusteischen Principat. Die Konkurrenz zwischen *res publica* und *domus Augusta* (=Historia-Einzelschriften 140), Stuttgart 2000.

Dierichs, Angelika: Das Idealbild der römischen Kaiserin: Livia Augusta, in: Beate Wagner-Hasel/Thomas Späth (Hg.): Frauenwelten in der Antike. Geschlechterordnung und weibliche Lebenspraxis, Stuttgart 2000, S. 241-262.

Dixon, Susan: The Marriage Alliance in the Roman Elite, Journal of Family History (=JFamHist) 10 (1985), S. 353-378.

Eck, Werner: Augustus und seine Zeit (=Beck'sche Reihe; 2084), 4., überarb. Aufl., München 2006.

Eisenring, Gabriela: Die römische Ehe als Rechtsverhältnis (=Habil.-Schr., Salzburg, Univ.), Wien u. a. 2002.

Fantham, Elaine: Julia Augusti. The emperor's daughter (=Women of the ancient world), London u.a. 2006.

Ferrero, Guglielmo: Die Frauen der Cäsaren, übers. von Ernst Kapff, 3. Aufl., Stuttgart 1921.

Frank, Richard: Augustus' Legislation on Marriage and Children, California Studies in Classical Antiquity (=CSCA) 8 (1975), S. 41-52.

Fraschetti, Augusto: Livia the Politician, in: Ders. (Hg.), Roman women, übers. von Linda Lappin, Chicago/London 2001, S. 110-117.

Heuß, Alfred: Römische Geschichte, 6. Aufl., hrsg., eingel. und mit einem neuen Forschungsteil vers. von Jochen Bleicken u.a., Paderborn u.a. 1998.

Kienast, Dietmar: Augustus. Prinzeps und Monarch, 3., durchges. und erw. Aufl., Darmstadt 1999.

Kokkinos, Nikos: Antonia Augusta. Portrait of a Great Roman Lady, London u.a. 1992 (Nachdruck 2002).

Krüger, Julian: Die Ehegesetzgebung des Kaisers Augustus. Gesellschaftspolitik im frühen Prinzipat, hrsg. vom Dekan des Fachbereichs 2 (=Fachhochschule für Verwaltung und Rechtspflege), Berlin 1994.

Kunst, Christiane: Eheallianzen und Ehealltag in Rom, in: Beate Wagner-Hasel/Thomas Späth (Hg.): Frauenwelten in der Antike. Geschlechterordnung und weibliche Lebenspraxis, Stuttgart 2000, S. 32-45.

Kunst, Christiane: Livia. Macht und Intrigen am Hof des Augustus, Stuttgart 2008.

Meise, Eckhard: Untersuchungen zur Geschichte der Julisch-Claudischen Dynastie (=Vestigia; 10), München 1969.

Mette-Dittmann, Angelika: Die Ehegesetze des Augustus. Eine Untersuchung im Rahmen der Gesellschaftspolitik des Princeps (=Historia Einzelschriften; 67), Stuttgart 1991.

Meyer, Reinhold: Marcus Agrippa's Son-in-Law P. Quinctilius Varus, Classical Philology (CPh) 67/2 (1972), S. 119-121.

Nörr, Dieter: Planung in der Antike. Über die Ehegesetze des Augustus, in: Horst Baier (Hg.), Freiheit und Sachzwang. Beiträge zu Ehren Helmut Schelskys, 1. Aufl., Opladen 1977, S. 309-334.

Saller, Richard/Shaw, Brent: Close-Kin Marriage in Roman Society?, Man: Journal of the Royal Anthropological Institute, n.s. (=Man. n. s.) 19 (1984), S. 432-444.

Sandels, Friedrich: Die Stellung der kaiserlichen Frauen aus dem julisch-claudischen Hause (=Phil. Diss., Giessen 1912), Darmstadt 1912.

Severy, Beth: Augustus and the family at the birth of the Roman Empire, New York u.a. 2003.

Severy, Beth: La Maison de Césars, in: Pierre Bonte (Hg.), Épouser au plus proche: inceste, prohibitions et stretégies matrimoniales autour de la Méditerranée (=Civilisations et sociétés, 89), Paris 1994, S. 243-292.

Syme, Ronald: Die Römische Revolution. Machtkämpfe im antiken Rom, hrsg. v. Christoph Selzer und Uwe Walter, aus d. Engl. übers. v. Friedrich Wilhelm Eschweiler u. Hans Georg Degen, (engl. 1939), grundlegend rev. und erstmals vollst. Neuausg., 2. Aufl., Stuttgart 2003.

Syme, Ronald: The Augustan Aristocracy, korr. Aufl., New York 1989.

Temporini, Hildegard - Gräfin Vitzthum: Die iulisch-claudische Familie: Frauen neben Augustus und Tiberius, in: Dies. (Hg.), Die Kaiserinnen Roms. Von Livia bis Theodora, München 2002, S. 21-102.

Zanker, Paul: Augustus und die Macht der Bilder, 2., durchges. Aufl., Sonderausg., München 1990.

Namenstabelle

	Rufname	Geburtsname	Name des Vaters	Name der Mutter	Ehepartner*	Kinder
1	Agrippa Postumus	Agrippa Postumus	M. Vipsanius Agrippa	Iulia (maior)	–	–
2	Agrippina (maior)	Vipsania Agrippina	M. Vipsanius Agrippa	Iulia (maior)	Germanicus	Nero Caesar, Drusus Caesar, Caligula, Agrippina, Drusilla, Iulia Livilla
3	Antonia (maior)	Antonia	M. Antonius	Octavia	L. Domitius Ahenobarbus	Domitia, Domitia Lepida, Domitius Ahenobarbus
4	Antonia (minor)	Antonia	M. Antonius	Octavia	Drusus (maior)	Germanicus, Livilla, Claudius
5	Claudia Pulchra	Claudia Pulchra	Valerius Messalla Barbatus Appianus	Marcella (minor)	Quinctilius Varus	Quinctilius Varus
6	Claudius	Ti. Claudius Nero Germanicus	Drusus (maior)	Antonia (minor)	Plautia Urgulanilla	Claudius Drusus, Claudia (*von Claudius abgelehnt*)
7	Drusus (maior)	Nero Claudius Drusus	Ti. Claudius Nero	Livia Drusilla	Antonia (minor)	Germanicus, Livilla, Claudius
8	Drusus (minor)	Nero Claudius Tiberius f. Drusus	Tiberius	Vipsania	Livilla	Livia Iulia (minor), Tiberius Gemellus (*2. Zwilling verstarb*)
9	Gaius Caesar	Gaius (Iulius) Caesar	M. Vipsanius Agrippa	Iulia (maior)	Livilla	–
10	Germanicus	Nero Claudius Germanicus	Nero Claudius Drusus	Antonia (minor)	Agrippina (maior)	Nero Caesar, Drusus Caesar, Caligula, Agrippina (minor), Drusilla, Iulia Livilla
11	Iulia (maior)	Iulia	Octavian	Scribonia	1. Marcellus 2. Agrippa 3. Tiberius	Gaius Caesar, Lucius Caesar, Iulia (minor), Agrippina (maior), Agrippa Postumus

	Rufname	Geburtsname	Name des Vaters	Name der Mutter	Ehepartner*	Kinder
12	Iulia (minor)	Iulia	M. Vipsanius Agrippa	Iulia (maior)	L. Aemilius Paullus	Aemilia Lepida
13	Livia	Livia Drusilla	M. Livius Drusus Claudianus	Alfidia	1. Ti. Claudius Nero 2. Octavian	Tiberius, Drusus (maior)
14	Livilla	Livia Iulia	Drusus (maior)	Antonia (minor)	1. Gaius Caesar 2. Drusus (minor)	Livia Iulia (minor), Tiberius Gemellus (*2. Zwilling verstarb*)
15	Lucius Caesar	Lucius (Iulius) Caesar	M. Vipsanius Agrippa	Iulia	verlobt mit Aemilia Lepida	–
16	Marcella (maior)	Marcella	C. Claudius Marcellus	Octavia	1. Marcus Agrippa 2. Iullus Antonius	1-2 Töchter (Vipsania) L. Antonius, G. Antonius, (*Iulla Antonia*?)
17	Marcella (minor)	Marcella	C. Claudius Marcellus	Octavia	1. M. Valerius Messalla Appianus 2. L. Aemilius Paullus *oder* Paullus Aemilius Lepidus	Claudia Pulchra, M. Valerius Appianus Barbatus
18	Marcellus	M. Claudius Marcel-lus	C. Claudius Marcellus	Octavia	Iulia (maior)	–
19	Octavia (minor)	Octavia	C. Octavius	Attia	1. C. Claudius Marcellus 2. Marcus Antonius	Marcellus, Marcella (maior), Marcella (minor) Antonia (maior), Antonia (minor)
20	Octavian/Augustus	Gaius Octavius	C. Octavius	Attia	1. Clodia 2. Scribonia 3. Livia	Iulia
21	Tiberius	Tiberius Claudius Nero	Ti. Claudius Nero	Livia	1. Vipsania 2. Iulia (maior)	Drusus (minor)

* unter Augustus

Stammbaum I: Die *domus Augusta*

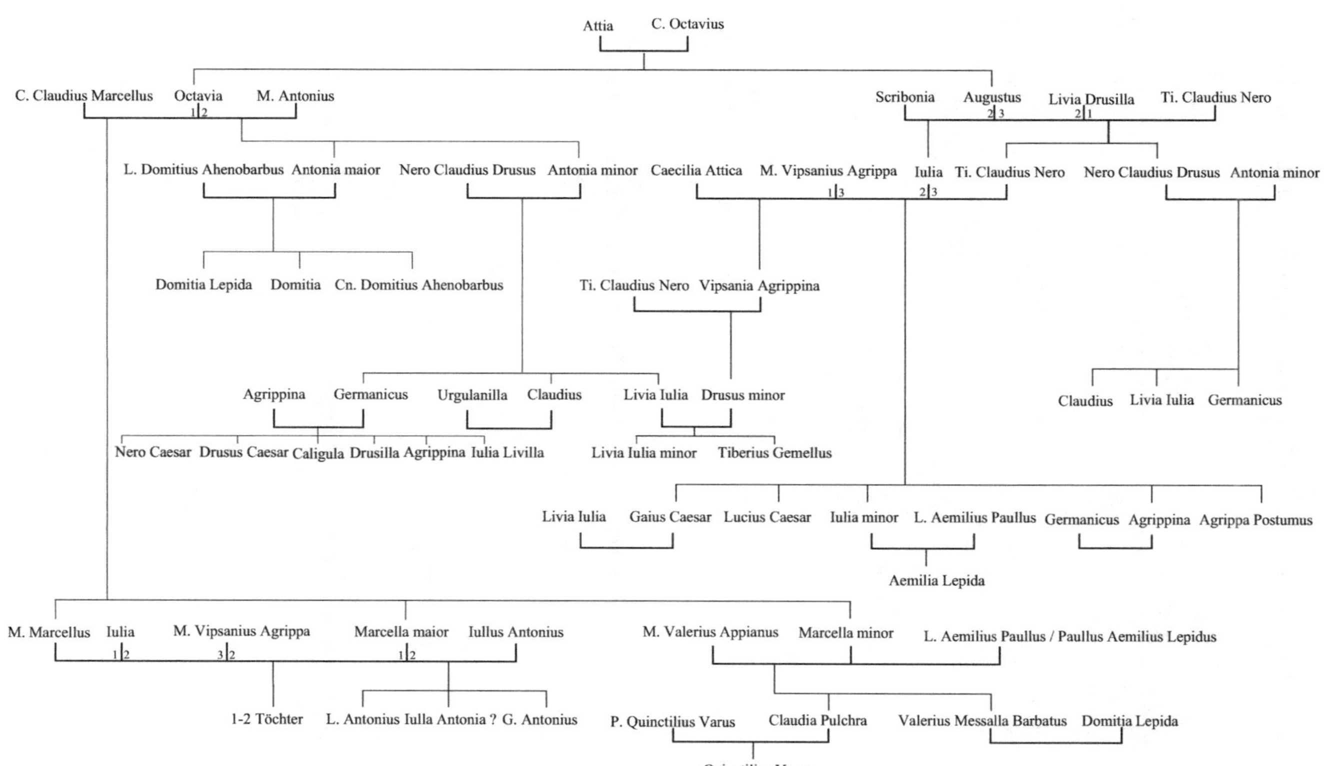

Stammbaum II: Die Eltern des Augustus und ihre Nachkommen

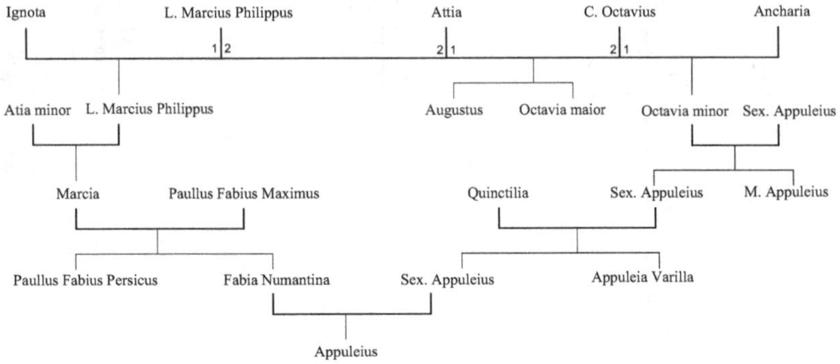

Nach Corbier, La Maison, S. 269.

Stammbaum III: Die Töchter des Marcus Agrippa*

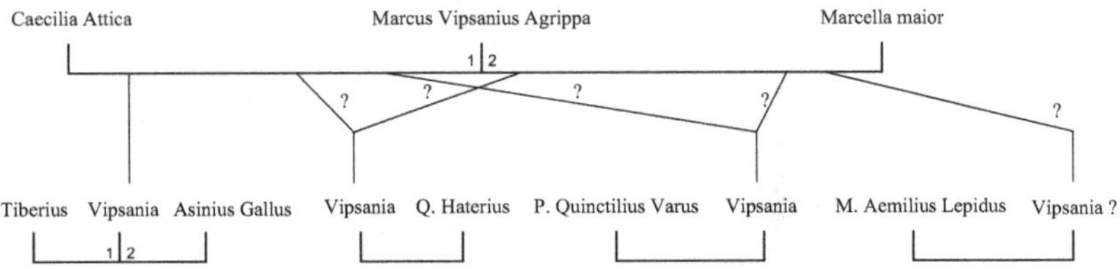

*ausgenommen aus seiner Ehe mit Iulia

Nach Corbier, La Maison, S. 252.

Abbildungen*

I Münzprägungen anlässlich der Eheschließung zwischen Octavia und Antonius *(vgl. S. 44)*

RPC Ephesos 2201

RPC Ephesos 2202

II Flottenprägung des Antonius *(vgl. S. 44)*

RPC Achaea 1464

RPC Achaea 1470

RPC Syria 4090

III Münzen zu Ehren der Iulia, des Gaius und des Lucius *(vgl. S. 51, 75f.)*

RIC Augustus 403

RIC Augustus 405

RIC Augustus 198

RIC Augustus 205

RIC Augustus 207

* Abbildungsnachweis: www.coinarchives.com [Stand: 15.07.2009]

Zeitfracht Medien GmbH
Ferdinand-Jühlke-Straße 7
99095 Erfurt, Deutschland
produktsicherheit@kolibri360.de